외대부고 찍고 서울대 의대 보내기

전설 지음

도서출판 디자인21

외대부고 찍고
서울대 의대 보내기

전설 지음

머리말

교육계의 최전선에서 학생들을 상담하고 코칭하고 컨설팅하며 가르치는 입장에서 이제는 전박사라는 네임이 자칭타칭 교육계의 전설이 되었다고 생각한다. 물론 지나친 자뻑이라고 폄하하는 분들도 계시겠지만, 사실 대한민국 모든 교육과정을 경험하다보니 이러한 자부심이 생겼는지도 모른다. 유치부부터 시작해서 대학원 석박사과정생까지 두루두루 접하고 이들과 관련된 연구활동을 진행하면서 그리고 현장에서 학생들을 지도하고 가르치는 선생님과 교수의 입장에서 대한민국 교육계를 바라보니 여러 가지 생각이 많을 수밖에 없다. 현재 진행되는 교육정책이 물론 나름 고심하여 이루어진 것은 맞지만 정권에 따라 수시로 변하는 교육정책으로 인해 학생은 물론 학부모도 갈피와 방향성을 찾지 못하는 것이 사실이다. 나름 교육전문가로 활동하는 나로서도 대입의 경우 정말 너무나 많은 다양한 학교전형에 대해 일일이 조사하고 연구를 해야 하는 상황이다.

외대부고를 창립할 때부터 시작해서 12년 근속하면서 현장에서 직접 입학생들을 선발하고, 선발한 학생들을 지도하고 가르쳐 대입지도를 하는 가운데 정말 대한민국 교육계의 가장 핫한 현장을 경험했다고 생각하며 이를 토대로 대치동에서 7년 가까이 학생들을 컨설팅하면서 또한 색다른 경험을 하고 있다. 물론 나한테 붙는 직책은 교수부터 시작해서 박사, 연구원, 강의전문가, 평론가,

수필가, 작가 등등 다양하지만, 최근에는 아무래도 외대부고나 청심국제고, 하나고, 북일고, 외고, 과학고나 영재고를 준비하는 학생들을 지도하고 이들에게 면접준비를 시켜 학생들을 입학시킨 후 이러한 인재들이 원하는 대학교에 진학할 수 있도록 코칭하는 역할이 가장 보람되고 의의가 있다고 생각한다. 아무래도 밀착방어를 통해 학생들의 모든 사생활까지 심지어 멘탈관리까지 담당해야 하므로 상당한 친밀도가 없으면 도저히 이러한 관계가 형성하지 않는다. 보통 중학교 2학년부터 나를 만나서 고3까지 그리고 이후에도 진로 및 인생의 멘토로서 역할을 하게 되는데 이러한 역할을 통해 단순히 면접이나 기타 학업적인 부분의 조력자가 아니라 인생을 살아가는 방법까지 알려주는 마음 따뜻한 스승으로 자리잡을 수 있음에 감사드린다.

이 책이 나오기까지 늘 격려를 아끼지 않았던 현직 외교관을 비롯하여 법조계 종사하거나 의료계, 경제계 종사하는 모든 제자들에게 깊은 감사의 말씀을 전하며 또한 이 책을 읽고 외대부고를 비롯하여 특목자사고를 준비하는 학생과 학부모님들에게 조금이나마 도움이 되길 간절히 바라며 앞으로도 더 정직하고 올바른 정보와 가르침으로 참된 스승이 되고자 노력하겠다는 말씀을 감히 드립니다.

차례

외대부고이어야만 하는 이유

나에게는 많은 직업과 수식어가 따른다. 전박사부터 시작해서 전설교수, 강연가, 방송진행자, 평론가, 국제청소년학회장, 대한민국영어말하기대회심사위원장, 수필가, 작가, 상담가, 컨설팅전문가 등 많은 명칭 중에서도 외대부고 영어과 학과장으로 현장에서 직접 학생들을 가르치고, 외대부고 진학하고자 하는 입시생들을 선발한 추억이 가장 강렬하게 남는다. 외대부고 당시엔 용인외고 개교멤버로 커리큘럼은 물론 학생들의 인성과 규율에 관련된 모든 교칙을 만드는 과정까지 일체 관여하며 나의 청춘과 땀을 바친 학교이기에 더더욱 애착이 가는지도 모른다. 2005년에 외대부고는 당시 용인시의 전폭적인 지원을 받아 외대가 갖고 있던 의대부지에 대한민국은 물론 세계 최고의 명실상부한 고등학교를 만들겠다는 신념 하에 외대부고가 탄생하게 되었고 2016년까지 무려 12년 가까이 학교생활을 하면서 인재를 양성했다. 1년만 있겠다고 진행한 교직 생활이 무려 12년 가까이 외대부고에서 학생을 직접 선발하고 가르치는 일을 하면서 보냈고 이후 대치동에서 전박사 아카데미를 개원하며 현재에 이르기까지 오롯이 학생을 지도하는 일이 나에겐 가장 큰 일이 되었다. 간혹 외대부고에서 학생을 선발했다고 하는 분들이 계시는데 사실 외대부고는 오로지 교사자격증을 가진 정교사만이 학생선발권이 있고 이렇게 외대부고 교사 2명과 한 명의 교육청 파견교사 1명 총 3명이 조를 맞추어 1주일 넘게 합숙하며 학생들이 작성한 자소서와 생활기록부를 토대로 문제를 만들어 학생을 선발하게 된다. 당시 기억에 외대부고에도 계약제로 1년이나 6개월 일한 입학사정관분들이 계셨는데 이분들은 학생선발권이 없어 전혀 면접장에는 들어오시지 않았고 이런저런 면접에 필요한 준비를 도와주셨던 것으로 기억한다. 돌이켜보면 당시엔 너무나 힘든 과정이었지만 세월이 지난 지금엔 오히려 추억이라는 이름으로 그리워하게 된다. 외대부고 곳곳에 나의 땀이 서리지 않은 곳이 없을 만큼 당시에 많은 에피소드와 추억을 남긴 채 현재의 내가 있다고 생각한다. 외대부고는 현재 명실상부한 최고의 명문으로 거듭나 판검사는 물론 변호사, 의사, 외교관 등을 배출했고 이들은 대다수 미국 아이비리그 출신이거나 국내 스카이 출신이 많다. 외대부고를 졸업한 학생들은 스카이를 졸업하지 않으면 동문회에도 잘 나가지 않는다는 말이 있을 정도로 학교 부심이 강한 친구들이 많다. 내 기억에도 정말 똑똑했던 학생들이 많았고 이들은 아직도 나랑 수시로 연락을 주고받으며 이제는 인생의 절친으로 자리 잡아 만나면 이런저런 사소한 생활까지 같이 얘기할 정도로 친밀한 관계가 되었다.

외대부고이어야만 하는 이유는 여러 가지가 있지만, 우선은 전국에서 모인 최고의 인재들이 선의의 경쟁을 함으로써 시너지 효과가 상당하다는 것이다. 물론 중학교 때 우물 안 개구리로 최고임을 자랑하다가 외대부고에 와서 판판 깨져 일순간 좌절할 수도 있지만 그래도 이러한 경쟁은 피할 수가 없으므로 결국에는 서로 윈윈 효과로 상생한다고 할 수 있다. 간혹 학부모님 중에는 이렇게 지나친 경쟁을 피하고자 집 근처 학교에서 1등을 하겠다고 하지만 막상 보내고 나서 후회하는 경우가 많다. 내신을 따기 위해 그곳에 몰린 또 다른 수많은 경쟁자, 그리고 특목 자사고에서 실패한 학생들이 강제배정을 받아 그 학교에 몰리게 되면 솔직히 이름도 없는 학교에서 또 다른 피 터지는 경쟁을 하게 되고 설령 경쟁한다고 해도 대학에서 그렇게 인정을 받기가 쉽지 않기 때문이다. 무엇보다 세부 능력과 특기 사항과 관련하여 기존에 나름 노하우를 가진 유명학교를 따라잡기가 쉽지 않다. 특히 공립의 경우는 5년마다 로테이션 순환근무제로 이루어지기 때문에 그 노하우가 그대로 전수되기가 쉽지 않다. 결국엔 하나의 노하우를 갖고 전통을 가진 특목자사고가 유리할 수밖에 없는 형국이다.

실제 대원국제중이나 영훈국제중, 청심국제중 같은 이름있는 학교의 생활기록부는 굳이 이름을 가려도 단번에 이 학교가 어디인지 알 수 있다. 차별화된 커리큘럼은 물론 생기부에 기록된 세특이 일반중학교와는 천양지차로 엄청난 특별함을 자랑한다. 학생의 장점을 최대한 자세하게 기술하여 누가 봐도 이 학생이 우수하거나 특별함을 알게 된다. 그리고, 자소서 역시 이들 학생은 다양한 활동을 하여 미리 준비했고 또한 학교에서도 별도로 자소서와 면접 수업을 해줘서 그런지 너무나 답변을 하는 데 우수함을 알 수 있다. 아무리 블라인드테스트라고 해도 결국에는 이들 학생이 유리한 고지에서 합격을 많이 하게 된다. 그래서인지 처음에는 교육부의 말을 믿고 집 근처 인근 고등학교에 자녀를 보내겠다는 부모님들도 선배 부모들의 말을 듣고 요즘엔 웬만하면 어느 정도 능력 되고 준비가 되었다 싶으면 일반고등학교보다는 특목자사고를 많이 보내는 추세이다. 결국, 좋은 환경에서 학생들이 한 자라도 더 배우고 무엇보다 양질의 세특을 통해 대입에서 입학사정관의 눈에 잘 보여 합격하길 간절히 원하는 부모님의 바람일 것이다. 그래서인지 아무리 블라인드 면접해도 특목자사고 출신의 명문대와 의대 합격률이 높으므로 이들 학교에 대한 선호도는 날이 갈수록 높아지는 것 같다. 그리고 최근 이들 학교를 없애겠다는 방침에서 한 발 우회하여 다시 법적인 문제와 걸림돌이 제거됨에 따라 양질의 교육을 추구하는 부모님들의 욕구는 더더욱 커질 것으로 예상한다.

전국에서 가장 많은 동아리를 자랑하는 외대부고는 사실 학교에서는 기본 틀을 마련해주고 이를 토대로 학생들이 자체 동아리를 만들어 부지런히 탐구 활동을 진행하기 때문에 더더욱 인기가 많은 것 같다. 동아리 합격을 위해 엄청난 양의 자료를 준비하고 이를 토대로 면접을 치러야 하므로 학생들은 고입 합격하고 나서도 이러한 동아리 면접에 상당한 시간을 준비해야 한다. 그런 가운데 또 한 단계 성장과 성숙이 있다고 생각한다. 아울러 학기 내 진행되는 철저히 생기부에 잘 기재될 수 있도록 학생의 무한한 잠재력을 유추할 수 있는 고난도의 수행평가가 진행되어 학생들 사이에서는 수행평가가 심지어 고통스럽다는 말까지 나오기도 한다. 그런데, 이러한 혹독한 과정을 겪기 때문에 이러한 친구들이 장래 서울대 의대와 경영을 비롯한 최고 인기학과에 수시로 합격하여 자신만의 길을 당당히 걸어갈 수 있다고 생각한다. 지금이라도 외대부고를 갈까 말까 망설이는 부모가 계신다면 난 과감히 외대부고를 추천하고 싶다. 설령 외대부고에 합격하지는 못해도 준비하는 과정에서 학생이 일반 학생들보다 얼마나 많이 성장하는지 눈으로 확인할 수 있다. 그리고 이렇게 준비하는 시간과 돈이 결코 대입에 견주어 아깝지 않다고 말할 수 있다. 면접을 준비하는 가운데 다양한 자료를 찾고 검색하여 자기만의 답변을 논리적으로 답하면서 얼마나 지적으로 심적으로 성장하는지 한눈에 알 수 있다.

대한민국에서 학벌을 타파해야 하고 인맥을 끊어야 한다고 하지만, 내가 보기에 부질없는 일이라고 생각한다. 그럴 것 같았으면 진작 서울대를 지방으로 이전하고 다른 명문대도 지방으로 이전해야 했는데 기득권이 과연 자신들이 가진 이권을 쉽게 손 놓을 수 있을지 생각해봐야 한다. 여러 후배가 있고 같은 실력을 갖

추었다면 아무래도 자신과 조금이라도 일면식이 있고 연관이 있는 사람에게 좀 더 관심이 가는 게 인지상정 아닌가? 그리고 이미 SNS와 같은 사회연결망을 통해 학맥은 이미 연결되어 있다. 그러한 클러스터를 통해서 필요한 정보를 얻고 공유하는 가운데 이미 기존 다른 멤버보다는 훨씬 더 우위에서 장래에 대해 미래 설계를 할 수 있다. 외대부고 역시 동문회가 상당히 페이스북을 통해 활발하게 이루어지고 있고 이를 통해 선후배 관계가 돈독한 것으로 알고 있다. 나야 1기부터 시작해서 17기 등 거의 모두 알고 있지만, 전혀 같이 학교생활을 하지 않은 기수 차가 엄청 나는 친구들이 서로 형, 동생 하면서 친하게 지내는 걸 보면서 역시 대한민국에서 학맥과 인맥은 불가분의 관계임을 절감하게 되었다.

외대부고 하면 가장 먼저 떠오르는 것이 면학 분위기이다. 컨설팅을 통해서 그리고 친한 친구들을 통해서 듣는 이야기는 아무리 강남 8학군이라고 해도 교실에서 벌어지는 수업 해체 현상이 날이 갈수록 심해져 일부만 수업에 몰입하고 있다는 게 공공연한 사실이고 시골 지방 같은 경우엔 오히려 인터넷 강의를 통해 필요한 수업을 보강하거나 주말에 강남 대치동에 와서 수능 공부를 할 뿐 학교에서는 오로지 내신을 따기 위한 형식적인 수업만 일부 상위권 학생들이 듣고 있다는 사실이다. 그나마 수시가 있기에 내신수업이라도 듣는 것이지 만일 수시가 사라지고 오로지 정시 수능으로만 대학을 가는 입시체제가 공고해진다면 다들 굳이 고등학교에 갈 필요가 있느냐며 이구동성으로 이야기한다. 수능에는 검정고시든 일반고등학교 졸업자이든 졸업장만 있으면 전혀 입학에 문제없기 때문이다. 그래서, 제자들 중 고등학교를 아예 포기하거나 진학을 하더라도 중도 하차하여 강남에서 아예 기숙학원에 다니며 수능을 준비하는 어린 친구들도 허다하다.

이런 면에서는 외대부고는 나름 자기만의 특별한 커리큘럼과 생기부 기록에 대한 비법으로 학생들에 대한 개별적인 성향과 자질을 잘 기록하여 주기 때문에 학부모들에게 인기가 있는 것으로 안다. 그리고 기숙학교이다 보니 아무래도 1주일간 오롯이 학교에만 전적으로 맡기고 부모들은 자기들의 생활을 즐길 수 있는 것도 하나의 장점으로 작용한다. 금요일이면 학교에 잔류하거나 아니면 집에 귀교하여 학원에 다니든지 아니면 집에서 휴식을 취하며 주중 쌓인 스트레스와 피로를 풀게 된다. 대부분 대치동 학원에서 밀린 공부를 보충하는 것으로 알고 있다. 지방에서 올라와 대치동 가기 어려운 학생들은 학교에서 마련된 ET(Elective Track) 즉 보충수업을 통해 부족한 학습을 채우게 된다. 그러고 보니 나 역시 학교에 근무한 12년 가까운 시간 동안 주말에 마음 편히 쉰 적이 없는 것 같다. 거의 주말에도 학교에서 학생들을 지도하며 이들과 같이 보냈기에 더더욱 시간이 지나도 학생들과의 유대감이나 돈독함이 더한 것 같다는 생각이 든다.

가끔 외대부고를 보낼까 말까 걱정하는 부모들이 많은데 난 과감히 말한다. 설령 준비해도 붙을까 말까 한 상황에서 미리 먼저 겁먹고 걱정할 필요는 없다고 말씀드린다. 걱정은 나중에 붙고 나서 하시고 우선은 합격에 올인하여 준비하라는 조언을 드리는데 이 경우에도 어떤 부모님은 과감하게 도전하여 학생을 한 단계 상승시키는가 하면 어떤 부모님은 걱정만 3년 내내 하다가 결국 면접시험을 앞둔 1달이나 2달 시점에서 거의 매일 스파르타식으로 면접 준비를 하시곤 한다. 심적인 압박은 물론 경제적인 면에서도 그리 효율적인 방법은 아니라고 본다. 그리고 A를 얻지 못할까 봐 나중에 시킨다고 하시는데 성적 A도 못 맞을 만큼 걱정이 되면 애당초 외대부고는 준비하지 않는 게 낫다. 왜냐하면, 그 정도의 학교성적이라면 나중에 외대부고 와서도 얼마나 힘들지 그 부분은 미리 고심해봐야 하기 때문이다. 한 가지 방법을 드리자면, 설령 정시 외대부고에 입학할 자격을 얻지 못해도 시험이 끝나고 1달 반 정도 지나면 신입생 전 편입 공고가 나고 10명을 선발하는 면접시험이 있다. 물론 자소서와 면접을 같이 진행하는데 다만 성적은 무관하게 진행되므로 행여 성적이 부족해 지원하지 못했거나 불합격한 학생이라면 용인시 거주하지 않는 비용인권 지원자라면 주소지를 용인으로 이전한 후 이 편입시험에 지원할 수 있다. 아무래도 용인시가 후원해서 만든 학교이기 때문에 주소 이전을 통해 인구를 늘리려는 계획이 내포된 것이 아닌가 생각된다. 대부분 부모님은 주소 이전을 감행하면서까지 이 편입

시험에 도전하게 되며 합격하고 나면 일정 기간 시간이 지나면 다시 주소지를 기존에 살던 곳으로 이전하는 것으로 알고 있다.

왜 외대부고이어야만 하는 이유는 기존에 분명히 밝혔다. 학생이 가장 행복하게 공부할 수 있고 비록 스트레스를 받는 것은 마찬가지이지만 그래도 결과물을 갖고 대입에서 충분히 경쟁력을 갖고 입시를 치를 수 있다는 점, 교내 동아리 활동 등 비교과 활동에서 선의의 경쟁과 협업을 통해 학생이 한 단계 성장할 수 있는 곳, 무엇보다 학생들이 기숙 생활을 하며 대한민국 최고의 급식인 신의 급식을 통해 맛난 음식을 즐길 수 있는 곳이 바로 외대부고라고 생각한다. 생기부 세특은 두말할 필요도 없이 선생님들이 정성껏 잘 정리해서 기록해주는 것으로 유명하다.

외대부고 준비는 어떻게?

해마다 외대부고를 준비하는 학생 및 학부모님으로부터 많은 상담과 질문, 컨설팅 의뢰를 받는다. 사실 중학교 1학년은 현재 대한민국에서 버린 학년으로 치부되고 있다. 입시에서 모든 활동이 제외되다 보니 굳이 시간 들여서 많은 활동을 하지 않고 있다. 하지만, 현명한 학부모들은 발 빠르게 1학년을 2학년 및 3학년을 위한 도약의 시기로 준비하고 있다. 1학년 때 중학교 내신 준비를 선행시키는가 하면, 동아리 활동을 비롯하여 비교과 활동에 공을 들이고 있다. 아울러 고등학교 가서 해야 할 모든 교과목에 대해 학원을 비롯하여 과외활동을 통해 아예 모든 과정을 다 마스터하고 있다. 웬만한 실력을 갖춘 중학생은 수능을 쳐도 거의 만점을 받을 정도로 뛰어난 실력과 기량을 뽐내고 있다. 이런 학생들이 일명 서울대 의대를 진학하는 것이다. 의대를 보내지 못하는 처지에야 굳이 왜 좁은 공간에서 환자와 종일 씨름하는 의사가 뭐가 좋냐며 마치 저 포도는 시어서 못 먹는다는 자조 섞인 위로로 자신을 애써 포장하지만, 부모치고 자신의 자녀가 능력이 출중한데 굳이 의대를 보내지 않겠다는 부모는 거의 본 적이 없다. 그만큼 대한민국에서 의대를 졸업하고 의사가 된다는 것은 단순히 공부를 잘한다는 의미가 아니라 사회적 지위와 위치를 확보하고 보장받을 수 있는 가장 확실한 방법이므로 이렇게 부모님들이 의대에 목을 매는 것 같다.

이미 대치동을 비롯하여 지방의 중심학군지에서는 초등학교부터 조나 짝을 맞춰 수학 공부를 시킨다는 것은 이미 누구나 아는 사실이다. 이 조에 들어가지 못하면 자칫 유명학원에 들어갈 수도 없고 들어간다고 해도 나름 따돌림을 당해서 최상위권으로 진입하지 못하는 경우가 허다하다. 친한 변호사 동생네도 뒤늦게 가진 어린 초등학생 아들 한 명을 어떻게 해서든지 의대 보내려고 난리이다. 남자 입장에야 굳이 왜 의대를 보내느냐고 하는데 아무래도 엄마로서는 굳이 의대를 보내 전문직업을 갖게 하겠다는 포부가 크다. 이유를 물어봤더니 아무래도 자신이 문과 나와 사법고시 합격하고 변호사로 활동하는데 변호사보다는 자기가 생각할 때 의사가 낫지 않겠냐는 단순한 답변이었다. 아무튼, 이렇게 시작된 의사 되기 프로젝트에서 첫 번째 단계로 그룹을 형성하는 일명 돼지엄마 사단장과 친해져서 수학 과외 그룹 입성에는 성공했다. 일요일마다 그토록 좋아하던 조기축구도 포기한 채 이 후배 변호사는 부지런히 라이드를 시키고 있는데 축구도 좋지만, 아들을 라이드시키고 마치면 데리고 오는 이 몇 시간의 기다림이 마치 젊은 시절 아내와 데이트를 하기 위해 기다리던 시간과 견주어 절대 뒤처지지 않는 아름다운 기다림이고 추억이라고 말했다. 이제 아들이 더 크면 이렇게 같이 할 시간도 없는데 그나마 이렇게 기다리는 것만으로도 행복하다고 했다.

또 다른 후배 역시 이제는 고등학생이 되어 경기고 재학 중인 아들을 뒀는데, 주말마다 어디 외출도 못 하고 외대부고와 상산고 준비하느라 학원에 라이드 해주느라 자신의 청춘이 다 지나갔다며 넋두리를 하곤 했다. 결국, 특목자사고 입성에는 실패했지만 그래도 부모로서 자식한테 해줄 수 있는 뒷바라지를 하지 않으면 나중에 원망들을까 봐 나름대로 최선을 다했다고 한다. 이제 경기고 들어가서 공부를 하는데 3등급 정도의 내신을 받고 있어서 이제 아들도 현실을 직시하고 더 학원이나 과외를 받겠다는 욕심은 버렸다며 오히려 지독하게 한 번 입시를 치르고 나니 홀가분하다고 했다. 굳이 라이드할 필요도 없어 차도 팔아치웠다며 이제는 홀가분하게 자신만의 시간을 즐길 수 있다며 좋다고 했다. 강남에 산다고 모든 부모가 자녀교육에 목을 매는 것은 아니다. 다만 학생들 스스로 그들만의 리그에서 뒤처지지 않기 위해 부모와의 의지와는 상관없이 본인이 또 공부에 매진하는 때도 있음을 알 수 있다. 후배 말을 전하면, 아들이 원래 초등학교 때 두각을 드러냈는데 강남 아줌마들의 등쌀에 도저히 견뎌낼 자신이 없어서 그 그룹에서 이탈하고 자유롭게 여행 다니고 굳이 선행을 시키지 않았는데 뒤늦게 중학생이 되어 아무리 공부를 시켜도 그 간극을 채우지 못해 중3 때 발버둥 쳐도 결국 고입 입시에 실패했다는 것이다. 굳이 예전의 시간으로 돌아가고 싶지는 않지만 그래도 만일 돌아가게 된다면 좀 더 빡빡하게 시켜서 아들이 그토록 원하던 외대부고나 상산고에 입학시켰더라면 지금보다 오히려 더 행복하게 살지 않을까 그런 후회가 든다고 했다. 경기고가 비록 일반고이긴 하지만 내신을 잘 받기 위해 처음부터 여기 입학을 목표로 공부한 학생들과 특목자사고 떨어진 학생들이 여기에 포진해 완전 최상위권은 내신전쟁이 엄청나게 무시무시하다는 것이다. 그렇다고 대입에서 강남메리트도 없는데 이사할 수도 없고 참으로 안타까운 일이라며 1학년을 지켜본 뒤 검정고시를 하든 특단의 조처해야 하는 지 고민이라고 했다. 굳이 내신을 최상위권으로 끌어올리지 못할 것 같으면 학교에 남아 다른 학생들 들러리가 될 필요는 없지 않으냐고 했다. 그래도 고등학교 추억이 단지 성적만이 전부가 아닌데 검정고시는 좀 그렇지 않으냐고 했더니 코로나 이후 학교 활동도 거의 이루어지지 않고 있어서 학교에 남아있는 이유를 모르겠다고 했다. 교실에서 아직도 마스크를 착용하며 활동도 거의 없는데 이런 학교가 검정고시보다 뭐가 장점이냐며 오히려 나에게 반문했다. 듣고 보니 일리가 있다는 생각도 들었다.

내가 컨설팅하는 학생 중에도 최상위권 성적을 기대하기 어려워지자 중3 입시 마친 후 학원을 아예 다니지도 않고 고등학교도 포기한 채 처음부터 검정고시를 준비해서 대입 자격증을 취득하고 이후 토플 공부만 해서 송도에 있는 미국 대학교에 진학한 케이스가 있다. 보통은 토플 영어성적 80점 이상에, 자소서, 추천서, 활동내용에 대한 포트폴리오, 그리고 면접을 통과하면 합격할 수 있다. 물론 입학하고 나서도 졸업하기까지는 상당한 노력이 필요하며 입학 후 열심히 해서 성적을 좋게 받으면 편입학을 통해 미국 본토 명문대학으로 진학할 수 있다. 가르친 제자 중 이러한 과정을 통해 미국의 명문대 진학한 예도 많다.

다시 본론으로 돌아와 외대부고 준비는 보통 중학교 1학년부터 꾸준히 차근차근히 하는 것이 좋다. 물론 자소서와 면접은 중3 때 보통 하는 경우도 많지만, 미리미리 준비한 학생에 비하면 아무래도 수박 겉핥기로 스펙이 일관성이 없고 자신의 꿈에 비추어 너무나 빈약한 활동으로 막상 자소서를 쓰다 보면 빈 껍질만 있는 경우가 많으므로 미리 준비할 것을 권하고 싶다. 고등학교에서 대입 때도 마찬가지이지만 가장 중요한 것은 자신의 꿈을 향에 얼마나 열심히 매진했느냐가 당락을 좌우한다. 중학교 1학년부터 만일 법조인이나 의사의 꿈을 가졌다면 이와 관련된 독서 활동이나 최소한 관련 신문기사로도 읽어보며 기본적인 꿈을 가져야 나중에 면접이나 자소서 작성 시 당황하지 않게 된다. 말은 의사라고 해놓고 의사가 무엇을 하는 직업인지 나중에 어떤 의사가 될지 어느 대학을 가고 싶은지 전혀 준비가 안 되어 있다면 면접관으로서는 당혹스러울 수밖에 없다. 자신이 서울대 의대를 가고 싶다면 최소한 서울대 의대 홈피를 들어가서 무엇을 배우고 익히는지 어떤 절차를 통해 입학할 수 있는지 기본적인 소양은 갖춰야 한다. 그리고 관련 서적을 읽으면서 과연 진짜 이러한 분야에 소질과 적성이 있는지 염두에 두고 깊이 있는 고민을 해봐야 한다. 학생들의 꿈은 수시로 변하기 마련이지만 그래도 중학생이 되면 완전한 꿈을 정하기는 어렵지만 관심 분야를 찾아 끊임없이 탐색하는 과정이 필요하다.

고백하자면 중학생이 자신의 꿈을 정하고 이를 위해 달음박질한다는 것은 너무나 힘겹고 고통스러운 일이다. 어떻게 미지의 세계에 대해 14살 중학생이 꿈을 갖고 달려갈 수 있을까? 그런데도 입시에서는 좀 더 구체화한 명확한 꿈을 갖고 이를 위해 노력한 과정의 학생들을 원한다. 그것이 현재 현실임을 잊어서는 안 된다. 꿈이 바뀔 수는 있다. 바뀐다면 어떻게 왜 바뀌게 되었는지 독서 활동을 통해 충분히 입증해 보여야 한다. 그래서 다양한 독서 활동은 절대적으로 필요하다.

자신이 만일 환경 관련한 활동을 장래 하고 싶다면 최소 환경 및 기후 관련 세계협약은 무엇인지, 현재 세계의 기후문제의 원인은 무엇인지 이를 해결할 방안은 무엇인지, 관련 서적과 기사 및 논문은 얼마나 찾고 탐구했는지, 이와 관련된 수업 활동에서 얼마나 자신만의 특별함을 보여줬는지가 생기부에 명확하게 기록되는 것이 좋다. 수시로 교과 선생님이나 담임선생님을 찾아뵙고 자신의 관심사를 어필하고 이와 관련된 조언을 듣는 것이 좋다. 사회생활이 무엇이냐고 묻는다면 이렇게 학생들끼리 동아리 활동을 도모하고 때로는 선생님을 직접 찾아뵙고 의논하며 어떻게 연구활동을 할지, 자신의 미래를 계획할지 여쭈어보는 것으로부터 시작된다고 생각한다. 중학생에게 너무 많은 것을 요구한다고 뭐라고 할지 모르지만, 부모님이 중학교 시절이던 때와 지금을 비교해서는 곤란하다. 요즘 학생들은 과거와 달리 자신의 의견을 충분히 말할 정도의 인지력과 사고력을 지녔다고 생각한다. 물론 학생마다 성향이 다를 수는 있지만 만일 소극적인 학생이라면 보다 적극적인 성향으로 키울 필요는 있다. 주지하듯 사회생활이 그리 녹록하지는 않은데 소극적인 학생은 어느 조직이든 힘겹게 혼자 고립되어 왕따 아닌 왕따를 당하는 것이 냉혹한 현실이기에 어떻게 해서든 학교생활에서 함께 살아가는 법을 배우고 익혀야 한다. 그래서 단체 학교생활이 필요한 것이다.

외대부고를 준비하는 학생은 미리 선행을 통해 중학교 과정은 물론 고등학교 과정까지 선행하여 기본 실력을 갖춘 학생이 많다. 자소서도 중3 때 겨우 내신 A가 나왔다고 입시 준비를 하는 것이 아니라 미리 자소서를 준비하듯 포트폴리오를 미리 계획하고 완성한 후 이에 맞춰 학교 생기부 활동을 채워나가는 형태를 취하고 있다. 만일 생명공학자의 꿈을 갖고 있다면 여기에 맞춰 생명연장기술이나 과학자로서의 윤리의식을 익히고, 관련된 실험을 진행해서 자신만의 포트폴리오를 완성하며, 나아가 관련 독서를 탐구 진행하여 에세이를 작성하고 마음 맞는 친구들끼리 동아리를 결성하여 자신이 관심 두는 분야에 끊임없는 노력을 기울여야 한다. 이러한 활동은 동아리 활동 및 세특으로 자신의 꿈에 부합되게 생기부에 기록될 수 있다. 해당 교과목이나 동아리 선생님 역시 구체적인 활동이 있다면 굳이 생기부에 안 적어줄 이유가 없다. 이러한 활동을 생기부에 기재하게 되면 그 누가 봐도 학생의 일관적인 꿈에 대해 호기심을 갖고 아무래도 준비된 학생을 선발하게 된다. 사실 외대부고의 경우, 학교가 미리 준비된 인재를 선발하여 이들에게 학교가 기존에 가진 최고의 프레임을 선물하여 마음껏 활동하고 연구하도록 도움을 주어 서울대를 비롯한 의대에 그토록 많이 합격하는 것이다. 어느 날 갑자기 전혀 준비되지 않은 학생이 외대부고에 들어와 공부한다고 절대 명문대 합격하는 것은 아님을 말해주고 싶다. 물론 특별한 케이스로 뒤늦게 빛을 발휘하는 예도 있지만 정말 드문 케이스라고 생각한다.

생기부 세특 및 비교과 활동

교육부 방침이 하루가 멀다고 바뀌는 상황에서 이제는 대입에서 자소서는 무용지물이 되었고 독서와 교내경시대회마저 무용지물이 되었다. 그런데 사실 그렇게 무용지물이 된 것만은 아니다. 표면적으로는 무용지물이 된 것 같지만, 학생의 잠재력이나 역량, 관심사나 진로 등을 그 어떠한 근거도 없이 교사가 신이 아닌 이상 한마디로 평가하기가 어려운 상황에서 교내에서 진행되는 다양한 대회나 활동은 학생의 역량이나 숨은 잠재력을 발굴하기에 충분한 잣대가 되고 있다. 수업 시간에 보여주는 능력은 그 짧은 시간 한계가 있으므로 교사는 학생의 역량을 이처럼 대회에서 한눈에 평가하고 알아보기 쉽게 되므로 이를 녹여서 생기부에 잘 기록해줄 수가 있으므로 무조건 대회나 독서 활동을 하지 말라고 권하고 싶지는 않다. 자신의 진로와 관련된 독서 활동은 단순히 생기부에 기록하는 데서 그치지 않고 이를 통해 연구 활동이나 탐구를 진행하여 수행평가나 프로젝트 활동에서 자신만의 특별한 포트폴리오를 만들 수 있다. 그리고 독후감을 제출한 학생에 대해 담당 교사는 아무래도 학생의 성향이나 관심사, 진로 등을 단번에 한눈에 알 수 있으므로 세특을 작성해주는데도 이를 고려하여 더욱 꼼꼼하게 챙겨서 기록해줄 수가 있으므로 자신의 진로와 관련된 독서는 적극적으로 권장하고 싶다. 수능 국어도 말이 좋아 국어이지, 실제 내용을 들여다보면 물리, 화학, 생물, 경제, 심리 등 정말 다양한 분야에서 글만 한글로 된 심오한 지식을 깊이 있게 측정하므로 이러한 분야에 대한 독서 활동을 통해 평소 지식을 많이 쌓아두는 것은 여러모로 도움이 된다.

비교과 활동은 대표적으로 학교에서 학생들끼리 진행하는 스터디활동이나 자율동아리나 정규동아리 활동을 들 수 있는데 이러한 활동을 세특에 자세히 다 기재해줄 수는 없다. 하지만. 진로활동이나 자율활동 기재란에 이러한 학생의 활동을 담임교사는 충분히 제출한 자료를 바탕으로 꼼꼼하게 챙겨줄 수 있으므로 단순히 시간을 빼앗는다는 개념에서 벗어나 학생들끼리 관심 주제를 통일하여 프로젝트를 진행하고 이에 대한 결과물을 도출한다면 생기부 작성에 엄청난 도움이 된다고 생각한다.

그리고 생기부 과목별 세특과 관련하여 해당 선생님과는 면밀한 관계가 요구된다. 학생을 제대로 알지 못하는 상태에서 담당교사는 그 어떠한 말도 객관적이든 주관적이든 써줄 수가 없다. 그저 피상적인 말로만 대충 적는 형식에 그치지 않기 위해서는 될 수 있는 대로 담당 선생님께 자주 찾아가서 궁금한 점을 묻고 서로 소통하여 자신의 존재와 관심사, 발표에 관한 이야기를 논의해야 한다. 우리 애는 너무 소극적이어서 아무것도 말씀 못 드리는 게 문제라고 생각한다면 학생을 보다 긍정적이고 활발하게 바꾸는 작업부터 시작해야 한다. 교사가 신이 아닌 이상 그 많은 학생에 대해 이름을 외우고 활동에 대해 정확하게 기억하기란 쉽지 않기 때문이다. 학생이 만일 발표를 맡았다면 그 맡은 발표에 대해 더욱 꼼꼼하게 챙기고 숙지하도록 하며 발표에서도 명확한 발성과 발음으로 정확하게 전달될 수 있도록 우선 말하기 교육부터 철저히 하는 것이 필요하다. 사춘기 변성기에 있으므로 목소리가 자칫 잘 나오지 않을 수도 있지만 하이 높은 톤보다는 저음으로 차분하고 명확하게 내용을 전달할 필요가 있다.

그리고, 과학 실험을 비롯하여 수학탐구 활동도 마음 맞는 친구가 있다면 같이 진행하고 설령 여러 명을 구하지 못하면 단독이나 페어 작업으로 진행하는 것도 좋다. 거창한 실험을 하라는 말이 아니라 관심을 두고 하나의 주제에 관해 우선 문헌연구를 진행하여 글로 표현하는 것도 좋다. 그리고 관련 독서 활동을 통해 하나의 주제에 대해 면밀하게 감상문을 작성하는 것도 좋은 프로젝트가 될 것이다. 문제의 원인부터 분석하고 해결점을 밝히는데 그저 뜬구름 잡는 이야기가 아니라 현실과 접목하여 얼마나 연관성이 있는지 밝히면 좋다. 사회적 이슈가 있다면 이를 신문이나 뉴스를 통해 접한 뒤 이와 관련된 외국의 사례는 없는지 비교·분석하여 한국과 외국과의 차이점을 밝히는 것도 좋다.

사례를 들자면 최근 한국에서 촉법소년과 관련하여 나이 하향에 대한 뜨거운 논의가 진행되고 있다. 만일 촉법소년 나이 하향에 찬성한다면 왜 그러한지 논리적 근거를 들어 밝히고 우리와 이웃한 일본이나 중국은 어떠한지 그리고 선진국인 미국과 영국은 어떠한지 확실하게 비교·분석하여 우리네 상황은 어떠한데 이러한 점에 비추어 앞으로 어떻게 나아가야 할지 방향성을 구체적으로 제언함은 훌륭한 연구가 된다.

과학에 있어 환경과 관련한 문제도 단순히 지구환경이 문제라는 식의 발언보다는 지구환경 중 어느 영역이 가장 큰 문제이며 이를 해결하기 위해서는 어떤 노력이 필요한지 구체적으로 하나를 정하는 것이 좋다. 만일 육식 위주의 식습관이 문제라면 어떻게 하면 육식을 줄일 것인지, 채식만으로도 인간이 필요한 단백질을 얻을 수 있는지 그렇지 않다면 부족한 단백질은 어떻게 채워 넣을 수 있는지, 동물단백질이 아니라면 식물단백질은 대체재로 어떤지, 미래의 육식은 어떻게 발전되고 진행되어야 하는지 이에 대한 대안으로 세포 농업은 어떤지 등 하나의 주제 아래에 확장된 지식을 발전시키는 논리적인 에세이가 필요하다. 그리고 단순히 글로 표현하는 단계에서 벗어나 이를 효율적으로 전달하기 위한 말하기 연습이 절대적으로 필요하다.

중학교 동아리 활동 및 봉사

간혹 3학년이 되어 입시 상담을 찾아오는 학생의 생기부를 들여다보면 깜짝 놀라는 경우가 많다. 본인의 꿈은 의사인데 의사와는 전혀 상관없는 음악이나 미술과 같은 활동이 거의 동아리 대부분을 차지하고 있다. 대입에서 의대를 진학하기 위해서는 굳이 의대 활동만 할 필요는 없다. 인문과 관련된 융합형 탐구 활동을 통해 학생의 품성이나 인성을 보여주는 것이 대표적인 전략으로 손꼽히고 실제 의대 면접에서도 학생의 인성을 묻는 질문이 상당수 나오기에 이때 기계적인 답변보다는 인문학을 고려한 마음 따뜻하고 그러면서도 논리적인 답변이 효율적일 수 있다. 그런데 중학생이 고입을 치르는 면접에서 학생이 3년간 활동한 기록을 보여주는 생활기록부가 오롯이 예체능만 있다면 이는 문제가 있다. 학생에게 질문하면 가위바위보에서 졌기 때문에 어쩔 수 없이 이러한 동아리를 들 수밖에 없다고 말하기도 하며, 학생들이 과학이나 수학, 영어독서 탐구 활동에는 전혀 관심이 없어서 아예 그러한 동아리가 없으므로 어쩔 수 없이 예체능 동아리에 가입할 수밖에 없다고 말하기도 한다. 학군이 좋은 학교에서야 아무래도 조금이라도 지각 있고 입시에 관심 있는 부모님들이 자녀의 진학을 위해 과학이나 수학, 영어 원서 독서 읽기 등 어느 정도 학생의

중학교 독서 활동

사실 학생이 자신의 꿈을 가장 잘 보여줄 수 있는 활동이 바로 독서 활동이다. 우선 중학교 시절에는 다양한 독서를 많이 읽는 것이 중요하다. 영어원서를 비롯하여 한국말로 된 국문학 작품은 물론, 과학 및 사회과학도서, 예체능과 관련된 독서도 권하고 싶다. 사실 영어원서는 영어 실력을 늘리기에 가장 좋은 책이다. 책을 읽게 된 동기를 비롯하여 인상 깊었던 구절을 정리하고 마지막에는 이 책을 읽고 느낀 점을 정리하면 한 편의 훌륭한 에세이가 된다. 물론 영어원서를 읽고 한글로 정리할 수도 있지만 될 수 있으면 영어로 글을 써보라고 권하고 싶다. 아직 저학년이라면 오롯이 영어로 표현하기 쉽지는 않겠지만 요즘은 네이버 파파고와 같은 도우미가 원어민 못지않게 충분히 제 역할을 하므로 초보 단계에서는 도움을 받아도 좋을 것 같다.

국문학은 아무리 강조해도 지나치지 않는다. 사실 수능 국어가 이렇게 대두될 줄은 아무도 몰랐다. 서울대 국어교육학과를 나오고 현재 EBS를 비롯하여 현장 강의에서 인기를 끌고 있는 동생이 있다. 그 친구가 하는 말이 자기는 유학을 다녀오지 않아도 지금은 최고의 인기 강사로 돈을 잘 번다며 은근 자신의 전공에 만족해한다. 가성비는 최고라는 말로 늘 그 친구에게 적은 돈을 투자해서 돈을 많이 번다며 놀리기는 하지만 그 친구가 노력하는 과정을 보면 거의 눈물겨운 분투기라고 할 수 있다. 말만 국어이지, 경제, 정치, 사회문화, 생물, 화학, 물리, 역학 등 여러 방면에서 오로지 한글이라는 표현만 빌려올 뿐 전문적인 지식이 있어야 수능 국어를 풀 수 있는 정도까지 수능 국어가 진화했다. 간혹 법학 문제가 나오면 나에게 어떻게 이렇게 되는지 질문하기도 한다. 그만큼 거의 전공에 가까울 정도의 난이도를 자랑하기 때문에 어릴 때부터 수능 국어를 해두지 않으면 곤란하다. 특히 학교에서 단답형 문제가 아닌 서술형 문제가 최근 많이 출제되면서 글쓰기에 대한 중요성이 날이 갈수록 커지고 있다.

이 친구 말을 빌자면 이제 고3 수능시장은 어느새 사멸되어 가는 분위기이고 현재 중3들이 자신의 주된 가르침 대상이라고 했다. 부모님들이 고등학교 가서 수능 국어를 하면 이미 늦었음을 너무 잘 알기 때문에 중3부터 아예 수능 국어를 준비시켜 만점을 받도록 도전한다는 것이다. 이제 국어도 선행이 판을 치는 세상에 과연 학교는 어떤 목적으로 존재하는지 묻고 싶은 마음이 들었다.

하긴 나한테 컨설팅을 받는 학생들도 부모님께서 조를 맞춰 학원에서 사회 및 과학 관련 독서를 읽고 탐구 토론하는 활동을 과외받고 있다고 했다. 미리미리 어려운 서적들을 읽고 토론하는 과정을 겪어야 수능 국어도 잘 보고 고등학교 가서도 관련된 발표를 잘할 수 있기 때문이다. 교육부에서는 아무리 선행을 금지한다고 해도 대한민국 부모님들의 교육열을 막을 수는 없다.

평범한 직장 셀러리맨인 한 후배가 한 날 나에게 진지하게 물었다. 의료인 출신 와이프가 직장을 관두고 자녀교육을 현재 전담하고 있는데 이제 6살짜리 둘째를 기어코 영어유치원에 보내야 한다고 언성을 높였다는 것이다. 첫째 때 경제 여건상 돈을 아끼느라 영어유치원에 보내지 않았더니 현재 12살 초등학교 5학년인데 또래 친구보다 발음을 비롯하여 너무나 딸려서 학원에서 따라가기가 힘들어한다는 것이다. 그러면서 나한테 굳이 영어유치원에 보내야 하냐고 묻길래, 형편이 되어 보낼 수 있으면 보내고 만일 그렇지 않아 매일 부부싸움 할 것 같으면 보내지 말라고 했다. 영어유치원에 보내면 아무래도 아이들 처지에서는 또래 친구들과 영어로 말하면서 영어 발음적인 측면에서는 유리하고 또한 자연스럽게 영어를 받아들이는 측면이 있어 장점이 있고 엄마들끼리도 미리 정보를 공유하고 이러한 관계가 지속하여 나이 들어가면서 또 다른 공부를 진행하면서 하나의 클러스터가 될 수 있다. 그런데 만일 영어유치원에 다니는 가운데 너무 지나칠 정도로 학생이 부담감을 느끼고 거부반응을 보이면 즉시 관두는 것이 좋다. 부모의 지나친 욕심이기 때문이다. 그런데, 내가 지켜보기에 영유 다니면서 그렇게 스트레스받는 경우는 못 본 것 같다. 아무래도 프로그램이 너무 지나치게 강압적이지 않은 이상 다양한 프로그램을 통해 재밌게 즐길 수 있는 요소도 크기 때문이다.

이제 몇 달 영유를 다닌 것 같은데 후배 말로는 자기 주머니가 힘들어서 그렇지 둘째는 너무 재밌게 영유를 잘 다닌다고 했다. 그리고 영어로 자기한테 몇 마디 건네는데 확실히 첫째보다는 발음이 정확해서 자신도 깜짝 놀랐다고 했다. 부지런히 돈 벌어 아무튼 뒷바라지 열심히 하는 게 현재 대한민국 아빠의 현실이라며 넋두리를 털어놓았다.

내가 이 친구에게 해줄 수 있는 말은 영어유치원 보내는 것도 중요하지만 집에서 한글 교육 우선 잘해서 한국인으로 한국말 잘하게 하는 것이 중요하고, 이제 글을 읽을 줄 알게 되면 한글 동화책부터 시작해서 쉬운 영어 동화책을 많이 읽히고 노출해 문학적 감성을 많이 쌓게 하라고 조언했다. 그리고 우선은 영어가 학문이라기보다는 언어라는 사실에 근거하여 집에서도 가능하면 한국말과 영어로 번갈아 가면서 이야기하고 영어 관련 프로도 자주 노출해 단순히 영유에서만 영어를 배우는 것이 아니라 일상에서도 영어를 자주 접하라고 권했다.

이제 초등학교 12살인 큰딸 역시 이제 본격적인 입시를 시작한 것 같았다. 자기는 그렇게 키우고 싶지 않은데 주변에서 워낙 다들 미리미리 준비해서 하므로 아빠인 자기로서도 와이프의 교육 방법을 존중하고 그냥 받아들이는 수밖에 없다고 했다. 아버지의 무관심이라는 말이 왜 생겨났는지 이 친구만 봐도 한눈에 알 수 있다. 엄마의 정보력은 두말할 필요도 없고 할아버지의 재력이 삼박자를 맞출 때 대한민국 교육은 성공한다는 말이 있다. 이 말 틀리지 않음을 요즘 더더욱 절감하게 된다.

아무튼, 독서활동은 중학교 학생으로서도 가장 중요한 부분을 차지하는 영역이므로 단순히 인터넷에서 요약정리된 부분으로 독서 활동을 때우기보다는 직접 활자로 된 책을 손에 잡고 읽도록 습관을 들여야 하며 이를 통해 책 속에 담긴 깊은 뜻을 이해하고 내 것으로 만드는 과정이 필요하다. 간혹 너무 어렵다 싶으면 그 때는 인터넷 도움을 빌려 예를 들자면 마이클 센델의 정의가 사회에서 어떤 의미가 있는지 요약정리된 문건을 찾아서 함께 이해하는 것도 필요하다.

외대부고 비롯한 상산고, 민사고, 국제고, 외고 자소서는 어떻게?

자소서를 작성하라고 학생에게 시키면 다들 어떻게 해야 할지 막막해한다. 고등학생이라면 그나마 기존의 경험치가 있기에 어느 정도 작성할 기초는 마련되어 있는데 중학생의 경우는 난생처음 접하는 자소서에 어떻게 대응할지 막막해서 심지어 울음을 터뜨리는 예도 있다. 자소서를 작성하기 위해서는 우선 지원하는 고등학교의 커리큘럼을 홈페이지를 방문하여 훑어보고 학교의 목표는 무엇인지 정확하게 이해할 필요가 있다. 동아리 활동엔 무엇이 있는지 어떤 가르침을 통해 인재를 양성할지 특화된 프로그램도 눈여겨볼 필요가 있다. 이렇게 두루두루 살펴본 다음 지원동기에 왜 지원학교를 원하는지 자신의 꿈과 연결해 명확히 구체화할 필요가 있다.

예를 들어 외대부고는 융합형 인재를 길러내므로 이에 발맞추어 자신이 왜 외대부고를 지원했고 장래 입학하여 어떻게 학업을 진행해나갈지 명확히 자신의 꿈에 비추어 밝혀야 한다. 그다음은 지원자가 무엇을 하겠다는 뜬구름 잡는 이야기 대신 명확한 근거하에 어떤 활동을 했고 이러한 활동이 지원자에게 어떤 영향과 영감을 주어 장래 어떻게 이끌어나갈 것인지 구체화해야 한다. 어떤 학생은 무조건 어떤 활동을 했다는 것만 명시하는 예도 있고 또 어떤 학생은 앞으로 뭘 하겠다는 것만 기록한 예도 있으며 어떤 학생은 오롯이 독후감도 아닌데 책 읽은 느낌만 줄곧 작성한 예도 있다. 이러면 면접관에게 크게 어필될 수 없다.

좋은 자소서란 지원자가 한 의미 있는 활동을 2~3개 뽑아내어 이에 대해 깊이 있게 어필하는 것이 중요하다. 우선 자소서를 쓰기 막막하다면 활동 위주로 생활기록부에서 1학년부터 3학년까지 정리해서 뽑아두는 작업이 필요하다. 시간이 지나서 무엇을 했는지 잘 모를 수 있지만 그래도 활동을 정리하다 보면 어렴풋이나마 생각이 날 것이고 이후 이를 곰곰이 정리하면 좀 더 디테일한 정보를 얻게 된다.

과목별로 활동을 정리해도 좋고 학년별로 정리해도 좋다. 영어 원서를 읽었다면 왜 이런 원서를 읽었는지 그리고 이러한 원서를 읽고 어떤 활동을 했는데 어떤 의미가 있었는지 배운 점을 기술해야 한다. 수학을 공부했다면 단순히 공부한 것에 그치지 않고 이러한 활동이 지원자에게 어떤 의미가 있었고 어떻게 활용하게 되었는지 그리고 관련 심화탐구 활동은 무엇이 있는지를 기술해야 한다. 과학 실험도 외부활동이 아닌 교내 활동 즉 수업 활동에서 친구와 어떻게 이런 활동을 했고 이를 통해 무엇을 느꼈는지 밝혀야 한다.

간혹 자소서에 부모님의 신분을 알 수 있게 하거나 자신의 외부활동을 기록하는 예도 있는데 이 경우 감정이나 아예 탈락의 대상이 될 수 있음을 명심해야 한다. 절대 수상기록도 기재해서는 곤란하다. 하지만 어떤 대회를 준비했다면 이를 녹여서 활동으로 포장한 뒤 자신이 느낀 점을 기술하는 것은 가능하다. 대회니 수상이니 이런 말은 절대 기재해서는 곤란하다. 영재학급에서 어떤 활동을 했다는 말도 절대 기재해서는 곤란하다. 그러고 보니 아버지를 아버지로 부를 수 없는 홍길동이 현재 대한민국의 자소서가 아닌가 그런 생각이 든다.

자소서에서는 학생의 자기 주도학습이 고스란히 묻어나야 하며 나눔과 배려, 협동 등 타인에 대해 따뜻한 마음을 가진 학생임을 표현해야 한다. 외대부고는 물론 서울대는 머리만 뛰어난 인재를 원하지 않는다. 주변에 사랑을 실천하고 이를 토대로 사회에 이바지할 수 있는 마음 따뜻한 인재를 원하고 있다.

자소서는 한 단락보다는 보통 4~5개 단락 정도로 구성하여 우선 첫 번째 단락에서는 지원동기와 꿈과 관련하여 왜 외대부고 또는 지원자가 지원하는 학교를 선택했는지 명확하게 밝혀야 한다. 그리고 장래 사회에 어떻게 기여할지도 보여주는 것이 좋다. 두 번째부터 네 번째 단락까지는 아무래도 자기 주도학습 위주로 교과목이나 동아리 활동 등에서 지원자가 꿈을 갖고 진행한 활동에 대해 무엇을 했다는 데 치중하지 말고 이러한 활동을 통해 무엇을 느꼈는지 출제자 관점에서 구멍을 만들어 기술하는 것이 좋다. 너무 친절한 자소서는 자칫 면접관에게 아무런 문제도 출제 못 하게 방해할 수 있으므로 군데군데 면접관이 질문할 문제를 만들어주는 것이 좋다.

마지막으로 인성 부분과 관련해서는 너무 뻔한 쓰레기를 줍는다거나 넘어진 학생을 도와줬다는 내용이 아니라 진심으로 누가 읽어도 감동을 자아내는 에피소드를 통해 지원자의 인성이 자연스레 드러나도록 하는 것이 좋다.

자소서를 완성했다면 과연 얼마만큼 진솔하게 자신을 드러낼 수 있는지 주변 친구와 피드백을 주고받으면서 다시 한번 검토하는 작업이 필요하다. 자소서는 그야말로 면접을 위한 가장 중요한 단계이므로 읽지 않은 책이나 탐구 활동을 절대 기재해서는 곤란하다. 어떤 질문이 나와도 완벽하게 답변할 수 있을 정도로 자신 있는 활동만 기재해야 한다. 그리고 너무 책이 많이 들어가는 것도 문제 있지만 그렇다고 자신의 꿈과 관련하여 관련 독서가 없는 것도 이상하므로 자신의 꿈을 비춰줄 2-3권 정도의 독서는 자소서에 들어가는 것이 좋다.

일례로 서울대 자소서도 마지막에는 학창시절 의미 있는 책을 두 권 골라 이에 대해 논하라는 내용만 봐도 독서가 얼마나 중요한지 알 수 있다. 가끔 학생들의 생활기록부를 보면 독서란이 정말 말끔하게 텅 빈 학생들이 많은데 독서는 학생의 자질은 물론 꿈과 관련한 성향을 보여주는 중요한 가늠자가 되므로 반드시 독서 활동은 자신의 꿈과 연관된 책을 골라 진행하는 것이 좋다. 아무래도 현재 학생의 생각과 느낌을 가장 잘 보여주는 것은 독서만 한 게 없기 때문이다.

그리고 자소서와 관련하여 한 가지 방법을 더 주자면 보통 학생들은 거의 천편일률적으로 의사나 변호사, 판검사를 꿈꾼다고 기재한다. 세상에 얼마나 많은 다양한 직업이 있는데 오로지 이러한 직업만으로 생활기록부를 채울 것인가? 이와 같은 꿈을 설령 꾼다고 해도 관련된 활동은 아예 하나도 없다. 전혀 상관없는 활동으로 가득하거나 아예 활동이 전무후무하다. 이런 상황에서 외대부고를 그것도 원서를 한 두 달 앞두고 준비한다는 것은 정말 모험에 가깝다고 할 수 있다. 물론 이러한 난관도 헤쳐 도와줄 수 있는 사람이 전박사 바로 나라고 감히 말할 수는 있지만 정말 피나는 노력을 해야 이를 합격으로 연결할 수 있다. 미리미리 준비하는 것이 가장 좋다는 말을 하고 싶다.

그리고 누구나 만드는 의사나 판검사 스펙이나 활동이 과연 얼마나 입학사정관인 면접관 선생님에게 매력적으로 다가갈지 고심해 봐야 한다. 나 역시도 10년이 넘는 세월 동안 학생을 현장에서 직접 선발하면서 느낀 점이 너무나 같은 활동에 염증을 느끼고 전혀 매력을 찾지 못했다는 것이다. 답변 역시 정해져 있고 마치 틀로 찍은 듯한 느낌이 들었다. 그러다가 예를 들어 채소소믈리에라는 직업을 원하는 학생을 면접하고 이와 관련한 다양한 면접을 진행했을 때에는 너무나 새롭고 신선한 생각, 창의적인 아이디어에 높은 점수를 줬고 결국 그 학생은 합격하여 나를 찾아왔던 기억이 난다.

남들이 다하는 같은 스펙과 활동은 이미 신선함을 잃어버려 전혀 매력이 없다고 생각한다. 될 수 있으면 새롭고 기발한 아이디어로 그리고 설령 꿈은 옆 친구와 같더라도 자기의 색깔을 분명히 보여줄 수 있는 활동으로 자소서를 꾸며나가는 것이 합격의 지름길임을 명심해야 한다.

외대부고 비롯한 상산고, 민사고, 국제고, 외고 면접 준비는 어떻게?

사실 전박사 본인은 자칭타칭 면접의 신이라는 닉네임이 붙을 정도로 의대를 비롯한 다양한 영역에서 끊임없는 연구와 탐구로 학생들의 역량을 꺼내는 거로 유명하다. 보통 중2나 중3 때 나를 찾아와서 대입까지 4-5년을 함께 하기에 학생들에 대한 애정과 사랑, 그리고 관계는 정말 긴밀하다고 할 수 있다. 난 우선 학생을 보면서 학생이 가진 잠재력과 역량을 꺼내는 데 초점을 맞춘다. 장래 학생이 가질 직업에 대해서도 마치 신기가 있는 사람처럼 정확하게 분석하여 판단 내려준다. 내가 한 말이 아니라 학부모님들이 면담을 마치고 나면 나한테 거의 십중팔구로 하신 말씀이다. 너무나 자신의 자녀를 잘 판단하고 분석해서 정말 깜짝 놀란다는 사실이다. 그리고 면접 역시 꿀벙어리도 말문을 트이게 할 정도로 능력이 출중하다고 이미 강남 대치동에 소문이 자자하다는 것이다. 물론 전언이기에 백 퍼센트 믿는 것은 아니지만 그래도 나에 대해 호평을 해주는 것은 너무나 감사한 일이다.

언젠가 학부모님께서 왜 크게 교육사업을 하지 않느냐고 말씀하시는데 사실 난 소규모로 진행하면서 내가 맡을 수 있는 역량

안에서 학생들을 코치하는데 만족한다. 학생 수가 많으면 그만큼 관리가 힘들고 어렵고 내가 아닌 또 다른 사람을 고용해서 일해야 하기 때문이다.

면접도 나 같은 경우는 오롯이 나 혼자 학생과 스케줄을 맞추어 1대1로 진행한다. 특히 외대부고의 경우는 공통문항이 없으므로 굳이 같이할 필요가 없다. 학생을 10명 모아서 진행하면 경제적인 이점은 있지만 아무래도 학생 개개인에게 맞는 맞춤형 면접을 할 수 없으므로 난 오롯이 일대일 면접만 고집한다. 면접이 끝나고 나면 한결같이 단독면접을 했기 때문에 자신의 부족한 점을 커버할 수 있었다고 감사드린다.

면접에 있어서 가장 중요한 것은 자신감이다. 우선은 자신감 있는 목소리를 내기 위해 고함을 적절히 지르는 작업이 필요하다. 산이든 강이든 아님 집이든 혼자 큰 소리로 소리쳐서 자신의 울분을 터트리는 작업부터 이루어져야 한다. 자신감이 없는 목소리는 막상 면접장에 들어가면 아예 모깃소리보다 약한 목소리로 변질하여 탈락의 고배를 마시게 된다.

소리를 지나치게 크게 할 필요는 없지만, 우선은 자신 있게 면접관을 지긋이 바라보는 것이 필요하다. 보통 3분의 면접관이 입실하는데 그 중 가운데 분을 바라보는 것이 좋다. 시선을 분산하여 계속 3명을 번갈아 보다 보면 자칫 긴장하여 면접의 흐름을 깨게 된다. 시선을 가운데 계신 면접관에 두고 정면으로 눈을 바라보지 말고 이마와 이마 사이를 바라보면 긴장이 줄어든다. 면접장에 들어가기 전 90도로 인사할 필요가 있으며 들어가서는 면접관 선생님이 앉으라는 사인을 줄 때까지 앉지 말고 앉으라고 하면 다소곳이 앉아서 손은 두 무릎 위에 올리는 것이 좋다.

면접장에 가면 문제가 놓인 용지가 있는데 이를 펼치면서 면접은 시작된다. 면접은 우선 자신이 작성한 자소서에 대해 예상 문항을 만들어 이에 대해 철저히 답변을 준비하는 것이 필요하다. 보통 3분에서 4분 정도의 답변을 서론과 본론, 결론의 형식으로 완벽하게 만들고 단순히 달달 암기하는 것이 아니라 아나운서나 기자, 방송진행자처럼 차분하게 이야기하며 자신의 이야기를 어린 초등학생도 알 수 있을 정도로 설명하는 것이 필요하다. 간혹 빠르게 답변하는 친구들이 있는데 이렇게 되면 전달력이 떨어져 면접에서 미역국을 먹게 된다. 천천히 또박또박 정확한 발성으로 자신이 주장하는 바를 전달해야 한다.

면접은 거울을 보면서 진행하고 간혹 부모님이나 언니 동생 앞에서 진행해도 좋다. 나아가 자신이 준비한 답변을 동영상으로 찍어가면서 부족한 점을 채워나가는 것도 한 가지 좋은 방법이 될 것이다.

외대부고의 답변은 전국에서 가장 긴 답변으로 유명하다. 하나의 주제에 대해 3분에서 4분 얘기하기는 절대 쉽지가 않다. 단순히 문제에 대해 지식을 전달하는 것이 아니라 이를 논리적으로 정리하고 자신의 견해를 설득력 있게 전달해야 하므로 다양한 독서 및 깊이 있는 탐구가 필요하다. 우선 학생 스스로 진행해보고 정 안되면 전문가인 대치동 전박사와 상의하는 것이 좋다고 감히 조언을 드리고 싶다. 전문가가 왜 필요한지는 굳이 두 말이 필요 없다. 그런데도 학생 스스로 노력하는 과정은 세상에 어떤 입시에서도 필요한 만큼 끊임없는 노력을 통해 자신을 단련하는 것이 중요하다.

수업을 진행하다 보면 학생들이 가장 힘들어하는 부분이 바로 예상 문항에 대한 기본 30개가 넘는 항목, 그리고 추가 질문에 대한 답변들에 대해 어떻게 이해하고 암기를 하느냐이다. 사실 답변이 3분에서 4분 남짓한 양은 A4로 작성할 경우 거의 한 페이지나 3분의 2를 차지하는 엄청난 양이기에 이를 통째로 외운다는 것은 무리가 있다. 대입에서 의대를 진학하는 경우, 생활기록부에서 보통 몇백 개를 예상 문항으로 추려내어 연습시키는 것에 비하면 고작 몇십 개를 힘들어한다고 할 수 있지만, 대입에서는 이 정도 긴 호흡을 요구하지 않는다. 그만큼 외대부고는 단일 문항에 대해 상당히 깊이 있는 지식과 논리력을 요구하기에 그만큼 깊이 있는 학습이 필요하다. 단순히 답을 암기하는 것으로는 그렇게 많은 양을 숙지하기가 쉽지 않다. 답안을 작성할 때 키워드 위주로 이해하고 답의 흐름을 자기가 머릿속으로 그려가며 서론, 본론, 결론의 형태로 완성해 면접관에게 진정 이해하고 있음을 자신의 언어와 표현으로 완벽하게 보여줘야 한다. 앵무새처럼 하이톤과 빠른 발성으로 단순히 외워서 암기하고 이를 반복재생하듯 면접관에게 보이면 십중팔구 불합격이다. 물론 집에서 가서 부모님한테는 자기가 너무나 완벽하게 잘했다고 하지만 면접관의 눈에는 아무런 감흥이 없는 그저 그런 답변에 지나지 않기 때문이다. 깊이를 담고 있으면서 논리적이고 설득력 있게 답변을 완성하고 천천히 또박또박 면접관에게 자기 생각을 창의적인 답변으로 보여줘야 합격할 수 있다.

간혹 외대부고를 지원하는 부모님들이 자기 아이보다 성적이 좋지 않은 아이가 합격하고 자기 아이는 떨어졌다며 면접에 문제 있는 것 아니냐며 흥분을 하신다. 이유는 간단하다. 성적은 기본적으로 국영수사과(역사와 사회를 동시에 학습할 때에는 사회 대신 역사 또는 역사 대신 사회 과목의 성적을 제출 가능, 즉 한 과목이 B여도 대체 가능하다는 말)에서만 기본적으로 A만 받으면 되기 때문에 등수보다는 얼마나 뛰어난 자소서로 뛰어난 면접을 하느냐가 관건이다. 요즘은 자소서 점수는 없고 오로지 면접점수가 거의 당락을 좌우하는데 그렇다고 자소서라는 밭이 뛰어나지 않는데 어떻게 면접이라는 열매가 열매를 잘 맺을 수 있을까? 그만큼 자소서도 중요하다는 말이다.

키워드 위주로 자신의 답변에 대해 본인이 작성한 후 충분히 이해해서 이야기를 풀어내듯이 답변을 해야 한다. 관련 내용도 누구나 아는 상식적인 답변보다는 구글이나 네이버에서 관련 내용을 찾아 숙지하고 자신만의 표현으로 기발하고 창의적인 아이디어를 포함하여 누가 봐도 감동을 주는 답변으로 만들어야 합격할 수 있다. 간혹 부모님 중에는 면접을 그저 학교에서 발표하는 정도로 쉽게 생각하시는데 절대 그렇게 쉬운 수준의 답변이 아님을 명심해야 한다. 그리고 천편일률적인 답변으로는 절대 합격이 불가능함을 꼭 명심해야 한다. 그리고 외대부고는 학생이 설령 주어진 문항에 답변하더라도 답변 도중이나 답변을 다 마친 후 꼬리질문을 통해 학생의 잠재력과 능력을 평가하므로 자신의 자소서에 대해서는 여러 가지 돌발변수 질문을 고려하여 이에 대한 방어도 철저히 준비해야 한다.

보통 외고면접을 진행하다 보면 정말 외대부고에 비하면 전혀 어렵지 않음을 알게 된다. 5분에 걸쳐 문항이 3개에서 4개 정도 출제되는 외고 같은 경우는 성적도 영어만 A만 맞으면 누구나 지원 가능하며 문항당 답변도 1분 남짓밖에 되지 않아 학생들을 지도하는데 외대부고보다는 상당히 수월하게 진행한다. 자소서 형태는 역시 외대부고와 거의 같이 이루어지며 대부분 지원동기나 꿈, 장래 학습계획, 지원자가 자기 주도학습을 이룬 과정, 자신이 타인을 위해 배려하거나 협업, 봉사한 경험 등에 대해 구체적으로 진술할 것을 요구한다. 글자 수를 아예 항목별로 제한을 둔 북일고가 나름 특색있으며 동탄국제고나 청심국제고, 하나고 등은 다른 외고와 마찬가지의 자소서 형태를 지니고 있으며 면접 문항 역시 별반 차이 없이 3~4개 정도의 문제가 출제되고 있다. 하나고는 면접관 선생님이 거의 꼬리에 꼬리를 무는 형태의 질문을 통해 압박 면접을 진행하는데 이에 대해 학생이 전혀 주눅 들지 않고 자신감 있고 조리 있게 답변하는 것이 중요하다.

전주 상산고는 아무래도 의대를 많이 보내는 학교로 유명한데, 자소서부터 시작해서 면접방식이 필답고사부터 진행하여 별도의 연습과 노력이 필요하다. 간혹 외대부고 2월 신입생 전 편입 때 상산고를 떨어진 학생들이 많이 지원하는데 성적 때문에 외대부고를 지원하지 못한 학생들이 전편 입에서는 성적을 보지 않고 오롯이 면접을 보기 때문에 합격하는 학생들이 많다. 그런데 상산고를 준비한 학생들은 아무래도 말하기보다는 문제 풀이를 많이 했기 때문에 별도의 말하기 면접은 절대적으로 필요하다. 상산고의 면접은 보통 창의융합 면접과 인성 & 독서 면접의 두 가지 형태로 진행된다. 창의융합 면접은 아무래도 문제 푸는 스킬도 필요하고 이를 면접으로 얼마나 잘 표현하느냐도 당락에 중요한 열쇠가 된다. 하긴 서울대 입시도 지문을 제시하거나 문제를 준 뒤 다시 교수님께 이를 주어진 시간 안에 답변해야 하는 것과 일맥

상통하는 부분이 있다. 1명의 학생을 대상으로 복수의 면접관이 10분에서 15분 정도로 면접을 진행하기 때문에 상산고 면접도 역시 만만치 않다. 학생들이 가장 착각하는 경우는 단순히 교과 지식만 답변 잘하면 합격이라고 생각하겠지만 상산고의 경우는 창의적이고 확장지식을 얼마나 자기한테 잘 맞게 표현하느냐가 당락을 좌우한다. 보통 공통문항으로 출제되는 창의융합 면접의 공통문항은 수학과 과학 능력을 테스트하는 과정으로 문제를 해결할 때 그 과정에 초점을 둔다. 인성 & 독서면접의 공통문항은 형식적으로는 국어 문항 같지만, 국어라기보다는 인문학 전반에 걸쳐 학생이 얼마나 이해를 잘하고 있는지를 측정하게 된다. 독서의 경우도 과연 학생 스스로가 독서를 진행했는지 그리고 이러한 독서 활동이 지원자에게 어떤 영향을 미치며 다가왔는지 질문하게 되며 인성 역시 학생의 심층 내면을 분석하고자 평가하게 된다.

그런데 외대부고의 경우는 예비준비시간이 없이 면접이 진행되지만, 상산고의 경우는 면접을 들어가기 전 미리 20분 정도의 준비시간을 주어서 답변을 미리 준비하게 되는데 이때 지원자는 재빠르게 자기 생각을 논리적으로 잘 정리해야 합격할 수 있다.

민사고의 경우는 정말 다양한 형태의 면접이 진행되므로 포괄적으로 면접 준비를 진행해야 한다. 사실 민사고의 경우, 대안학교나 폐지 쪽으로 가닥을 잡았다가 정권이 바뀌면서 다시 회생 가능성을 내비치며 학생들이 역시 관심을 많이 두는 학교이다. 예전에 민사고의 명성은 가히 넘사벽이었고 이러한 명성을 현재는 외대부고가 그대로 가져온 형국이다. 민사고 면접은 서류 평가인 자소서, 학생부 외에도 개인 면접을 20분씩 5과목을 진행하여 면접시간으로 봐서는 단연코 최고의 시간을 자랑하다. 민사고를 지원하는 학생의 성적은 예전에는 거의 올 A를 맞아야 가능했지만 최근에는 성적은 다소 부족하더라도 면접을 통해 자신의 부족한 점을 커버할 수 있다고 한다. 국어의 경우는 아무래도 기본개념을 지문에 응용하는 한편 자소서에 나왔던 내용을 같이 종합적으로 판단해 창의적인 사고를 제안하는 데 유리하다. 영어의 경우는 무엇보다 뛰어난 독해력이 필요하며 학생부를 비롯하여 자소서에 나타난 내용을 장래 민사고에 진학하여 어떻게 자신의 꿈을 구체화하고 비 전화할 수 있는지 자신만의 능수능란한 의사소통으로 표현하는 것이 절대적으로 필요하다. 수학의 경우는 굳이 고등수학에 대한 문제는 필요 없다고 생각한다. 다만 중학교 수준의 문제라고 해도 경시대회 및 심화학습에서 다룰 법한 증명을 통해 기본적인 원리를 체계적으로 이해하는 것이 필요하다.

과학은 물리, 화학, 생물, 지구과학, 정보 중 자신이 가장 자신 있는 한 과목을 선택해서 진행하는데 기본적으로는 기본개념을 이해하는 것이 중요하고 다음으로는 고등 1, 2 과정에서 다루는 내용을 이해하여 관련 독서 활동과 함께 답변을 준비하는 것이 필요하다. 사회는 경제와 지리, 역사, 도덕, 정치사회 중 하나의 영역을 선택하게 되는데 무엇보다 현재 사회를 가장 잘 이해해서 자신만의 융합적 사고를 발휘하여 답변하는 것이 중요하다. 어쩌면 냉철한 이성과 지성, 때로는 따뜻한 감성이 가장 많이 요구되는 영역이 바로 이 부분이 아닐까 생각된다. 마지막으로는 어느 학교에서나 가장 중요하게 생각하는 부분이 바로 행복한 학교생활을 위한 인성 영역이다. 학교생활을 하다 보면 뜻하지 않게 자연 발생하는 갈등을 어떻게 슬기롭게 해결하고, 서로 협업하고 협동심을 발휘하여 문제를 해결할 수 있을지 이에 대해 면접관은 심층적으로 판단하게 된다. 또한, 기숙학교이다 보니 더더욱 학생 간의 유대관계가 중요하므로 이에 대해 학생이 어떤 품성으로 어떻게 교우 관계를 형성할지도 면접관으로서는 상당히 관심을 두고 지켜보는 부분이다. 학생 스스로가 준비한 자소서에 더해 학교에서 준비한 다양한 제시문을 통해 학생의 역량을 평가하는 과정이 포함되므로 기본적으로는 중등과정에서 학습한 내용을 토대로 무엇보다 자신의 견해나 의견을 얼마나 잘 논리적으로 창의적으로 잘 표현하느냐가 입시의 당락을 좌우하는 키라고 할 수 있다.

북일고의 경우는 현재 국제 반이 없어지고 오롯이 국내 반 진로로만 프로그램이 구성되어 있다. 자소서는 진로계획 및 지원동기, 인성과 자기 주도학습에 맞게 구성하여 작성하면 되고 가장 중요한 면접을 살펴보면 다음과 같다. 우선 왜 북일고를 선택하게 되었는지 지원동기와 진로계획을 구체적으로 명시하는 것이 좋다. 만일 건축가가 장래희망이라고 한다면 어떻게 이 꿈을 꾸게 되었는지 그리고 건축가의 꿈을 위해 노력한 과정에서 어려움을 어떻게 극복했는지 구체적으로 보여줘야 한다. 인성적인 측면에서는 학교생활에서 배려와 나눔의 정신을 가지고자 노력했다면 어떤 구체적 사례가 있는지 명시해야 하며 보통 지원자들이 강조하는 리더십이 있다면 어떤 상황에서 리더십을 발휘했는지 밝혀야 한다. 가장 중요한 부분이 아무래도 자기 주도 학습인데 학과목 공부와 관련하여 자신만의 공부비법은 무엇인지 어떻게 심화탐구 학습을 하게 되었는지 만일 관련 독서 활동을 했다면 어떤 책이 인상 깊었고 왜 그러한지, 어떤 학습이 가장 의미 있고 왜 유의미한지 그리고 그러한 과정에서 무엇을 느끼고 배웠는지를 명확하게 명시해야 한다. 무엇보다 북일고의 경우는 수학이나 과학적인 역량을 자신의 진로와 관련하여 보여주는 것이 당락을 좌우하며 동아리 활동이나 독서, 리더십 등도 꼼꼼하게 챙겨서 이를 면접에서 잘 녹아내야 한다.

국제고를 비롯한 외고의 경우는 외대부고 자소서와 면접의 축소판이라고 보면 된다. 사실 외대부고를 준비하다가 중간에 성적이 잘 나오지 않으면 일단 진로를 국제고나 외고로 틀어 일단 합격을 시킨 후 다시 전편 입을 통해 외대부고로 다시 진학시키는 경우가 많다. 물론 신학기가 시작되는 2월 전편 입에 합격하지 못하면 어쩔 수 없이 학기 중 전편 입을 노려야 하는데 사실 생각보다는 많은 자리가 나오지 않아 학생들이 그대로 재학하면서 의대 진학 컨설팅을 진행하게 된다. 국제고 및 외고도 외대부고와 같은 자소서와 면접방식을 택하고 있다. 다만 차이가 있다면 면접 문항에 대한 답변에 있어 비교적 짧은 1분 내외의 답변만 완성하고 이를 숙지하여 자연스럽게 소화해서 면접관에게 잘 어필하면 되므로 굳이 서론, 본론, 결론의 양식은 필요치 않다. 가장 압축적으로 답변을 하는 것이 가장 좋다.

고등학교 입학 전 겨울방학은?

사실 외대부고 합격만 하면 모든 것이 끝난 줄 아는데 이제부터 부모님들의 표현을 빌자면 죽을 자리가 펼쳐진다고 걱정을 하신다. 당장 이렇게 훌륭하고 쟁쟁한 뛰어난 인재들 틈바구니에서 과연 내 자녀가 어떻게 생존할지 겁부터 덜컥 나게 된다. 발 빠른 대치동 엄마들은 기존에 싸인 친목과 정보활동으로 이미 그룹을 결성하여 선행준비를 하게 된다. 대치동 유명하다는 학원에서 그룹 수업을 진행한다. 외대부고는 대형학원이 그렇게 선호하지 않는다. 웬만한 강남의 8학군 학교들은 나름 족보대로 움직이고 대형학원에서 강의를 진행하고 들으면 내신이 나오는데 외대부고는 학교 자체가 특별하다 보니 대형학원에서 그냥 평범한 수업으로는 내신 따기가 쉽지 않기 때문이다. 그리고 설령 조를 맞췄다고 해도 다들 잘난 학생들의 부모님으로서는 행여 우리 아이가 성적이 나오지 않으면 곧장 학원을 관두거나 다른 그룹과외를 진행하므로 10명 남짓한 수업도 제대로 운영되기 어렵다. 정말 중학교부터 돈독한 인간관계를 맺고 서로 신뢰를 쌓은 경우만 대체로 졸업 때까지 그룹이 유지되는 것 같다. 그렇게 해서 의대를 보낸 부모님들은 세월이 10년 아니 그 이상 흐른 경우도 언니 동생 하면서 서로 돈독하게 지냄을 알 수 있다. 집안의 경조사는 물론 모든 사소한 일에도 모임을 통해 안부를 주고받는 것을 보면서 정말 자녀를 통해 맺은 인연도 이렇게 오래 지속할 수 있음에 놀라게 된다. 해마다 철철 단풍놀이에 꽃구경을 같이하는가 하면 이젠 결혼 및 집안 대소사도 같이 함을 알게 되었다.

이처럼 돈독한 관계를 토대로 외대부고 입학 하기 전 부모님들은 마지막 자녀의 실력향상을 위해 거의 하루 24시간 중 잠자는 시간을 빼면 모두 학원이나 그룹과외에 스케줄을 맞추게 된다. 학생들은 비록 힘들긴 하지만 자신들도 이렇게 하지 않으면 입학 후 얼마나 힘겨울지 잘 알기 때문에 기계적인 스케줄에 맞추어 움직이게 된다. 심지어 밥 먹는 시간도 아까워서 차 안에서 식사를 해결하게 된다. 학원에 가면 아는 친구들도 있고 또 낯선 친구들도 있는데 아직 입학 전이라 그런지 다들 서먹한 가운데 수업만 듣고 다른 스케줄을 맞추게 된다. 물론 그룹과외를 하는 학생들은 철저히 자기들만의 클러스터 안에서 두루두루 잘 지내게 된다. 특히 학교에 입학하기 전 미리 필요한 연구 활동을 조별로 짜서 프로젝트까지 같이 할 정도니 두말이 필요 없다.

이들 부모님은 철저하게 자신들의 스펙을 클러스터 안에서도 철두철미하게 개인별로 관리하게 되며 후배에게 절대 비밀을 공유하지 않는다. 행여 운이 좋지 않아 재수할 경우 어차피 한 두 해 후배는 경쟁자가 될 수 있기 때문이다. 그런데도 내가 컨설팅하는 학생의 어머님은 너무나 너그러운 마음을 가지셔서 그런지 후배 어머님들이 어떤 정보를 묻고 하면 너무나 친절하게 잘 알려주셔서 저런 품성과 덕을 가졌으니 자녀도 너무나 마음이 너그럽고 착하구나! 그런 생각이 들었다.

아무튼, 고등학교 입학을 앞둔 2달 남짓한 겨울방학은 학생들의 장래를 단정 짓는 최고로 중요한 시기이므로 자칫 중학교 졸업 이후 날망아지처럼 천방지축으로 자유를 얻었다고 놀겠다고 생각하는 학생들은 다시 한번 마음을 굳게 먹고 자신이 부족한 수능과목을 철저히 보충하는 것이 좋다. 특히 문과의 경우엔 1학년 때 배우는 경제 과목에서 쓴 고비를 많이 경험하므로 미리 경제에 대해 더욱 완벽하게 준비하는 것이 필요하다. 나머지 과목들도 중학교 내신 볼 때처럼 쉽게 접근해서는 곤란하다. 절대로 시험 직전에 얼마의 기간 동안 벼락치기로 공부해서 성적을 올릴 정도로 만만한 과목들이 아니다. 중간고사가 끝나고 나면 곧장 기말고사에 돌입하여 공부해도 막상 시험을 치르면 왜 진작 공부하지 않았을까 후회가 들 정도로 난도가 높은 과목들이다.

겨울방학은 학원에 다니든 자신이 오롯이 스스로 공부를 하든 공부방법에 상관없이 공부에 매진해야 고등학교 첫 중간고사는 물론 1학기에 우위를 차지해서 대학교 가는 데 문제가 없음을 명심해야 한다.

내신준비방법

아무래도 수시에서 당락을 좌우하는 하나의 잣대는 내신 등급이므로 이에 대한 철저한 준비는 필요하다. 사실 내신으로 대학 간다고 발표 났을 때 내신공부를 가르치는 학원이 과연 성공할지 반신반의 말들이 많았다. 그런데 놀랍게도 대치동을 위주로 학교별로 수업을 진행하는 내신학원이 생겨나기 시작했고 현재는 지방 어디를 가더라도 내신을 가르치는 학원이 주로 자리를 잡고 있다. 예전에는 상상도 못 했던 현상들이 생겨난 것이다. 학교로서는 어떤 면에서 이런 내신전쟁이 가르치는 교사한테 메리트가 있을 수 있다. 만일 내신이 없었다면 과연 학생들이 얼마나 학교 교실에 앉아 성실하게 수업을 했을까? 굳이 학교가 아니라도 인터넷을 비롯하여 강남 대치동 학원가에서 너무나 수능을 잘 가르쳐주기 때문에 굳이 학교가 필요 없는 것이다. 수업 시간에 듣지 않아도 또는 굳이 정규학교 과정을 밟지 않아도 충분히 대학 가는 데 지장이 없기 때문이다.

그런데 수시가 생기면서 학생은 내신에 목을 매기 시작했다. 내신 경쟁에서 살아남아야 본인이 원하는 대학을 갈 수 있으므로 예전의 친구 관계보다는 솔직히 친구끼리 훨씬 눈에 보이지 않는 경쟁을 하는 경우가 많다. 사실 학교에 있을 때 어느 학생이 자신의 경쟁자 교과서를 훔쳐다가 소각장에 버린 일화는 너무나 유명하다. 수시는 어느 정도 학교 교육의 정상화는 가져오는데 성공한지는 모르지만, 억지로 내신 등급을 나누기 위해 정말 문제 같지도 않은 문제출제로 인해 학생과 학생은 물론 학생과 교사끼리도 많은 반목과 질시, 불신을 만들기도 했다. 가르치는 교사로서는 아무래도 자신의 주장이나 견해에 비추어 문제를 낼 수밖에 없고 이러한 문제를 접한 학생들은 자칫 잘못 문제를 해석하면 감점을 받거나 오답을 정답으로 오인하기 때문이다.

내신을 잘 받기 위해서는 해당 선생님과 무조건 친하게 지내면서 그 선생님이 무엇을 원하는지 정확하게 파악해야 한다. 내신에 목숨 건 학생들로서는 어쩔 수 없는 선택이다. 교사의 말 하나에 따라 학생의 성적이 직결되고 또한 생활기록부에 기록되는 세부 능력과 특기 사항이 좌우되기 때문에 절대 교사에게 반발하거나 반항해서는 곤란하다. 당연히 학생이 가르치는 선생님의 가르침에 복종하는 것이 맞지만 때에 따라 불합리한 점도 수긍해야 한다는 점에서 학부모들의 불만은 커지고 있다. 교권이 추락한다는 말과 더불어 한편에서는 수시에 발목 잡힌 학생과 학부모들이 너무 약자로서 모든 것을 수긍해야 하기에 이들의 불편과 불평이 가중되고 있다는 것이다.

돈을 많이 가진 사람들이야 학원이나 사교육을 통해 충분히 학업을 보충할 수 있지만, 일반 서민들로서는 공교육에 어쩔 수 없이 의지해야 하므로 때로는 부당한 대우도 감내해야 하는 것이 현실이다. 예를 들어, 특목자사고의 경우는 아무래도 학생 인원수가 적고 사립인 경우가 많아 학교의 대입실적이 곧장 학교의 존폐와 직결되므로 더더욱 생활기록부의 세특관리에 신경 쓰는 것이 사실이지만, 공교육에 근무하는 교사는 공무원 신분으로 굳이 열정을 다하지 않아도 월급은 꼬박꼬박 나오므로 굳이 온 힘을 다하지 않는다는 게 학부모들의 불평이다. 설령 학생이 활동해서 생활기록부에 기록해달라고 부탁을 드려도 일견 미운털이 박히면 제대로 학생의 역량이 생활기록부에 제대로 기재되지 않는다는 점이다. 물론 이러한 불평불만에 대해 경찰이 아닌 이상 이를 명확하게 조사하기는 어려울뿐더러 진위여부에 대해서도 불명확하지만 대부분 상담을 하다 보면 이러한 아쉬움을 토로하는 경우가 있어서 글로 표현해보았다.

아무튼, 내신 준비는 수업 시간 선생님 말씀 정확하게 잘 듣고 노트필기 잘해서 관련 공부를 열심히 하는 수밖에 없다. 교육경쟁이 치열한 곳에서는 과외를 비롯한 학원에서 기출된 문제를 위주로 미리미리 준비를 해주는 것 같다. 언젠가 법원판결에서 학교문제를 공개하여 학원에서 이용하는 것이 불법이라고 판결 났는데 그렇게 될 바엔 차라리 학교에서 모든 문제를 홈피에 공개하여 일부 경제적 능력이 있는 사람들만 기출문제로 공부하게 할 것이 아니라 모든 일반 학생들도 공부하게 하는 것이 좋지 않나 그런 생각도 들었다.

수능을 백 퍼센트 대입자료로 써야 한다는 여론이 날이 갈수록 커지는 가운데 앞으로 어떻게 대입이 진행될지, 또 수시는 어떻게 방향성을 갖게 될지 귀추가 주목되는 가운데 다만 정치에 따라 백년지대계인 교육이 방향성을 잃어버리는 우는 범하지 말아야겠다.

대입 수시까지 학생들은 총 10번의 시험을 치르게 된다. 고등학교 3학년 1학기까지 매 학기 바다 중간고사와 기말고사 2번 시험을 치르게 되고 보통 중간고사는 등급은 나오지 않고 점수만 나오는데 기말에 나오는 1등급부터 9등급까지의 등급에 따라 학생이 갈 수 있는 학교의 등급이 좌우된다. 그렇다고 단순히 정량평가로 대학을 정해지는 것이 아니라 정성평가도 진행되므로 내신은 물론 비교과 활동에도 치중해야 완벽하게 자신이 원하는 명문대에 진학할 수 있다.

고등학교 동아리 및 비교과 활동

외대부고 동아리는 들어갈 때부터 전쟁을 치러야 합격할 수 있을 정도로 경쟁이 치열하다. 그중에서도 의학 관련 동아리는 경쟁률이 너무나 치열해서 준비과정에만 꼬박 1주일 넘게 걸릴 정도로 힘겹다. 문제 역시 웬만한 대학교 의대 입시는 저리 가라 할 정도로 난이도를 자랑하는 문제가 출제되어 골머리를 앓게 된다. 설령 동아리를 들어가더라도 내신 준비를 하면서 비교과 탐구 활동을 진행해야 하기에 힘겨움은 배가된다. 그런데도 학생들이 그토록 인기 있는 동아리를 원하는 이유는 아무래도 기존 선배들이 이러한 동아리 활동을 통해 의대 입학에 성공했고 그 비법과 노하우를 고스란히 선배로부터 물려받을 수 있는 장점이 있기 때문이다.

외대부고의 비교과 활동은 R & D. ARC, RCNP 활동이 그 어느 학교에 비해 활발히 진행되고 있다. 인문학과 이공계 활동 및 의과 활동과 국제활동이 서로 조화를 이루고 융합하여 이 사회가 원하는 인재상에 맞게 학생들이 주도로 탐구 활동을 진행하여 결과물을 산출하고 있다. 가끔 학생들이 진행하는 프로젝트를 보면 과연 이 정도의 레벨이 고등학교에서 가능할까 싶을 정도로 수준 높은 활동을 진행하는 걸 보면 확실히 이렇게 하므로 대입에서 좋은 성적을 거두는구나 그런 생각이 들었다. 사실 강남 8학군 명문고등학교를 비롯하여 전국에 있는 나름 유명한 학교의 컨설팅을 하는 처지에서는 외대부고의 수행평가나 프로젝트 활동이 확실히 수준 있고 높음을 알 수 있다. 그러므로 해마다 한 학기를 마무리하는 시점에서 세특을 비교해보면 확실히 외대부고가 좀 더 정리가 잘 되어있고 수준이 높다는 생각을 하게 된다. 아무래도 20년 가까이 누적된 노하우가 이런 데서 차별화를 만들어내는구나 그런 생각을 해본다.

비교과 활동은 단순히 독서 토론을 통해 자신이 관심 두는 분야에 대해 이를 이론화하고 구체화하는 작업이 있는가 하면 구상한 내용을 실제 실험이나 프로젝트를 통해 결과물을 가시화하는 예도 있다. 아무래도 품이 많이 들어가는 경우는 과학 실험이나 프로젝트로 이 경우는 단순히 문헌연구를 통해 하나의 사회현상에 대해 이를 여러모로 분석하는 것보다는 확실히 많은 시간적 소모가 크기 때문에 학생들로서도 부담스러울 수밖에 없다. 그런데도 조별로 나누어 학생들이 차곡차곡 진행하여 결과물을 만들어내는 것을 보면 확실히 외대부고 학생들이 대단하다는 생각이 든다.

우리 아이 외대부고에서 잘 살아남을까?

외대부고 합격도 하지 않았는데 가끔 상담을 진행하다 보면 부모님들이 마치 합격한 것처럼 가정하고 걱정부터 하는 경우가 있다. 합격하고 나서 걱정할 문제이다. 기숙 생활을 비롯하여 단체 생활이 쉽지는 않겠지만 남자의 경우는 어차피 군대도 가야 하는데 미리 갔다고 생각하면 속 편하다. 어떤 부모님은 과연 지금도 제대로 생활을 못 하는데 부모 손길이 없는 상태에서 고등학교 생활을 잘할 수 있을지 기우에 앞선다. 한마디로 말해 쓸데없는 걱정이다. 아이들은 부모님들이 생각하는 만큼 그렇게 부모의 품을 좋아하지 않는다. 사춘기에 접어들면 아이들은 자기만의 세계를 꿈꾼다. 물론 낯선 환경에서 학생들과 지내야 하는 사실에 솔직히 처음에는 두려움을 느낄 수도 있지만 조금만 시간이 지나면 언제 그랬냐는 듯이 부모는 잊어버리고 자기의 생활에 빠져 하루하루 바쁘게 보낸다.

물론 때에 따라 너무 소심한 학생은 일명 외톨이나 왕따로 밥 먹을 친구도 없어 힘겹게 생활하는 예도 있다. 그런 친구들은 스스로 다른 학생과의 접촉을 꺼리면서 자기만의 세계를 구축하는 특별하고 독특한 학생이다. 어느 날 갑자기 그런 성향이 만들어지지는 않았을 것이다. 이런 경우 이 학생들은 어차피 겪어야 할 사회생활의 어려움을 미리 마주치고 냉엄하게 헤쳐나가야 한다. 외대부고의 장점이라면 절대로 악한 학생이 없다. 상담을 진행하다 보면 학교에서 친구와의 갈등으로 왕따 아닌 왕따가 되고 따돌림을 당하여 결국에는 자퇴를 결정하는 예도 허다하다. 그만큼 일반고 재학 중인 학생 중 거친 학생이 많다는 말이다. 하지만 외대부고에 올 정도의 학생이라면 절대 남을 괴롭히거나 왕따를 만드는 학생은 없다. 학교 규율이 거의 잔인할 정도로 엄격해서 만일 이런 문제에 연루되면 학생 스스로 인생을 포기하고 대학을 포기해야 함을 너무나 잘 알기에 절대 그런 무모한 짓은 하지 않는다. 다 그런 것은 아니지만 똑똑한 학생이 그러하듯 그렇게 잔정은 없다. 전부 자기 할 일이 너무 많고 바쁘므로 주변 친구를 챙길만한 마음의 여유는 없다. 그러므로 남을 괴롭힐 시간적 여유도 없다.

현재 외대부고는 인문계 및 자연계, 국제계열로 나누어져 있는데 국제계열은 그나마 2학년부터 절대 평가가 이루어져 상대평가에 대한 부담감에서 벗어나 서로들 협업하고 도와주는 분위기가 좋아서 마치 친가족처럼 편하게 잘 지낸다는 말을 듣곤 하는데 인문이나 자연은 졸업할 때까지 상대평가가 진행되므로 아무래도 국제계열의 편안함은 없다고 학생들이 전해주곤 한다. 나 역시 학교에서 오랜 시간 담임을 하면서 느낀 바로는 확실히 국제랑 인문, 자연은 다른 느낌이 들었음을 회상한다.

어느 쪽이 좋다고는 말할 수 없지만 아무래도 의대를 진학하고자 하는 경우는 자연계열에서 필요한 공부를 하는 것이 맞을 것이고, 해외대 유학을 꿈꾸는 경우는 국제트랙에서 공부하는 것이 좋을 것이다. 아무래도 영문학을 비롯하여 SAT, AP 등을 공부하기엔 커리큘럼 상 국제가 유리하기 때문이다.

부모님들께서는 대체로 의대를 선호하기에 현재 외대부고는 자연계열이 막강파워로 무려 7개 반을 차지하고 있고 인문계열이 2개 반, 국제계열이 한 반인데 이를 문과와 이과로 나누어 진행하고 있다. 간혹 부모님의 기대로 국제계열에서 이과로 옮겨야 하나 고심하는 예도 있는데 이는 철저히 학생의 성향에 맞추어서 하는 것이 옳다. 그리고 1학년 2학기가 되면 이미 전공계열이 얼추 정해지기 때문에 이동하기가 쉽지 않다. 또한, 외대부고에 미역국을 먹고 다시 재기를 노리는 학생들이 상당한데 현재 외대부고는 너무나 인기가 많아서 아예 나가는 경우가 없고 있다고 해도 사회적 배려 대상자들이기 때문에 이 경우는 빈자리를 일반 학생들이 채울 수가 없다.

사실 컨설팅하는 학생 역시 외대부고 고배를 마시고 뒤늦게 나한테 와서 편입준비까지 했는데 결국에는 자리가 나지 않아 현재는 의대 컨설팅만 진행하는 중이다. 내신이 그나마 1등급으로 잘 나와서 의대를 희망하고 있는데 아직 내년까지 시험을 잘 봐야 가능성이 있으므로 마지막까지 최선을 다하도록 부탁하고 있다.

외대부고에서 최상위권을 차지하는 학생은 대체로 영재고나 과고를 준비했다가 떨어진 학생 아니면 중간에 진로를 바꾸어 외대부고로 전향한 학생이 다수인 것이 사실이다. 그리고 강남권 출신 학생들이 대체로 잘하기도 한다. 용인 출신의 30% 학생은 초반에는 고전을 면치 못하다가 1학년이 지나면서 다시 상위권으로 치고 올라오는 경우를 많이 봤다. 그런데 내가 말하는 것은 대체적인 현상에 불과할 뿐 개인적인 편차와 성향은 분명히 존재함을 밝힌다. 어쩔 수 없이 선행을 많이 하고 잘한 학생들이 외대부고의 커리큘럼에 잘 적응하고 맞추어 내신성적도 잘 나온다는 말을 하고자 할 뿐이다.

그렇게 뛰어난 아이는 아니어서 외대부고를 주저하는 경우가 많다. 그런데 외대부고는 어차피 내신성적으로 선발하는 것이 아니므로 우선은 면접과 자소서에 올인해야 하고 그런 관문을 통과한 학생만이 외대부고에서 공부할 자격을 갖게 된다. 이후 내신성적에서 어떻게 살아남느냐는 또 다른 문제이다. 여기서 꼭 하고 싶은 이야기는 과연 자녀가 일반고에 간다고 해서 꼭 1등을 한다는 기대감이나 허상은 버려달라는 것이다. 일반고에서도 피 터지게 경쟁이 이루어지고 거기에서 최상위권을 달리기는 너무나 어렵다. 다만 외대부고라는 브랜드는 엄청난 메리트가 있으므로 설령 내신이 뛰어나지 않아도 다른 여러 가지 측면에서 많은 장점이 있으므로 그런 점을 고려대상으로 삼아야 한다는 점이다. 뛰어난 학생들끼리 모여 물론 때로는 좌절도 할 수 있겠지만 그러한 과정에서 얼마나 성장할 수 있는지 그 점에 주목해야 한다. 분명 3년이 지난 후 엄청난 결과의 차이를 확인할 수 있다고 본다. 물론 외대부고를 졸업한다고 다 입시에서 성공하는 것은 아니다. 당해는 설령 실패하더라도 결국 자신들 동기한테 꿀리지 않기 위해 그리고 나보다 못한 친구도 명문대를 갔는데 왜 나는 못 가지라는 생각에 결국에는 심기일전으로 성공하는 경우를 난 너무나 많이 봤다. 지방 치의예과를 갔다가도 다시 공부해서 의대를 간 때도 있고 현역으로는 스카이를 못 갔지만, 심기일전 도전해서 서울대 경영에 합격한 학생도 봤다. 비록 내신에서는 밀렸지만, 수능에서 최고의 성적으로 서울대 경영 및 의대를 간 학생도 있다. 나중에 이렇게 자신들을 이끌어준 동기가 뭐냐고 물으면 한결같이 이 경쟁의 틈바구니에서 자신도 충분히 뛰어난 인재로 해낼 수 있을 것이라는 자신감 덕분이라고 했다. 수업 시간 그토록 공부하지 않고 잠만 자더니 언제 수능 공부를 그렇게 열심히 해서 거의 만점을 맞았는지 너무나 놀랍기도 하고 그 친구가 이제 고위공무원이 되어 결혼 청첩장을 돌리는데 감회가 새롭다.

교내대회 수상은?

사실 현재 교내대회와 수상은 고입 및 대입에서 모두 항목이 제거되어 입시에 별반 영향을 미치지 않는다. 중학생이 고등학교 입시를 준비할 때도 대회 수상 항목은 아예 전체 도말 처리되어 상급학교에서도 전혀 알 수가 없고 고등학생도 대입에서 별 메리트가 없다. 입시만 놓고 봐서는 전혀 메리트가 없지만, 여기에서 간과하는 부분이 있다. 보통 선생님들께서 학생의 역량에 대해 평가하고 수업 시간 보여준 활동에 대해 세특을 작성하게 되는데 별반 특별함이 없는 학생의 경우는 솔직히 써줄 내용이 없다. 그저 평범한 활동내용이나 아니면 대충 작성해서 거의 다른 학생과 차별화를 이루어내지 못하는 게 현장에서 선생님들이 겪고 있는 고충 중의 하나이다. 써줄 내용도 없는데 굳이 써주라고 하니 정말 미칠 노릇이 아닐 수 없다. 학생이 수업에 별반 참여한 것이 없고 그저 중간고사나 기말고사밖에 치른 게 없는데 그렇다고 빈칸으로 세특을 두자니 모호해서 이런저런 수업 시간에 선생님이 가르쳐준 내용을 간략하게 써줄 수밖에 없다. 단순히 교사의 역량이라고 치부할 수도 있지만, 소설가가 아닌 이상 그만큼 힘들다는 점이다. 이럴 경우, 만일 학생이 독서 활동을 특별하게 했거나 교내대회에서 수상해서 학생만의 장점이나 관심사가 부각된다면 당연히 선생님으로서도 더 손쉽게 이와 관련하여 자연스럽게 녹아내어 세특을 작성할 수가 있다.

아마 교육부로서는 단순히 보여주기식 교내대회로 인해 사교육이 유발되는 것을 우려하여 아예 교내대회를 입시에서 제외했는데 그러다 보니 정작 학생들의 잠재력이나 관심사마저 사그라드는 분위기가 든다. 나는 개인적으로 너무 지나칠 정도로 교내대회에 목을 맬 정도가 아니라면 학생의 장래나 진로와 관련한 대회가 있다면 그래도 1년에 2~3번 정도는 적극적으로 참여하여 학생의 관심사나 잘하는 영역을 선생님께 어필하는 것은 좋다고 생각한다. 교육부에서 그토록 강조하는 세부 능력과 특기 사항이 어느 날 갑자기 하늘에서 뚝딱 떨어지는 것은 아니기 때문이다. 그리고 한 학기에 고작 몇십 번 만나고 고작 45분에서 50분 남짓한 수업 시간에 학생의 특성을 얼마나 그리 잘 안다고 이를 세부 능력과 특기 사항에 써줄 수 있단 말인가? 아마 한 분의 선생님이 한 반에 최소 30~40명 되는 학생 이름을 어떻게 다 기억할 것이며 그것도 전교에 10반이라고 생각하면 400명 가까운 학생에 대해 수업하면서 어떻게 학생의 활동을 일기 쓰듯 자세히 기록하여 이를 생활기록부에 남겨줄 수 있단 말인가? 그래서 아마 현장에 계신 선생님들도 때에 따라서는 학생이 관심 있어 하는 분야에 대해 보고서나 과제물을 별도로 제출받거나 아니면 수행평가에서 치르는 글쓰기 활동을 통해서 최대한 학생의 역량이나 잠재력을 파악하고자 함을 알 수 있다. 또한, 만일 학교대회가 있다면 그래도 해당 과목과 연관성이 있다면 과연 누가 지원을 해서 누가 상을 받았는지 눈여겨보고 이를 수상했다고 세부 능력과 특기 사항에 작성하는 것이 아니라 어떤 영역과 분야에서 두드러지게 특별함과 우수함을 보여줬는지 보다 구체적이고 상세히 기재할 수가 있다.

과학고나 영재고도 예전보다 화학 올림피아드나 물리 올림피아드, 또는 수학경시대회를 준비하는 학생이 확실히 수적으로 줄어든 것이 맞다. 당연히 입시에서 별다른 장점이 없기 때문이다. 그런데도 초등이나 중학교 때 부지런히 일명 달린 학생들이 고등학교 진학 후에도 내신 경쟁에서 메리트가 있음은 두말할 필요가 없다. 그래서 전략적으로 학부모들도 요즘은 영재고나 과학고를 입학시키기 위해서 대회준비를 시키는 것이 아니라 아무래도 고등학교 입학 후 내신에서 우위를 차지하기 위해 어느 정도까지는 화올이나 물올을 시키는 상태이다. 대치동 전박사 아카데미 옆에 있는 올림피아드에는 4계절 내내 학생들이 끊이지 않는데 그곳에서 학생을 직접 가르치는 과고 출신 카이스트, 서울대 법대 후배 말을 빌려보자면 확실히 과고나 영재고에서 화올이나 물올에 대한 메리트를 없앤 이후로 아무래도 수강인원이 눈에 띌 정도로 줄어들었다고 한다. 입시에 발 빠르게 움직이는 대치동 엄마들의 트렌드를 한눈에 읽을 수 있는 대목이다. 그러면서 이 후배는 자신이 예전에 입시 준비를 할 때와는 너무나 다른 분위기에 놀라기도 하고 이렇게 공부해서 대학교에서 어떻게 깊이 있는 공부를 해낼 수 있을지 걱정스럽다고 했다. 평준화 평준화를 외치다 보니 아무래도 해마다 학생들의 성취도가 떨어지는 것을 우려하는 가르치는 선생님의 관점에서 걱정을 표명한 것으로 생각한다.

고등학교 1학년 방학은 어떻게?

사실 고등학교 1학기 성적표를 받아든 순간, 대부분 학생은 좌절과 침울로 괴로움을 표현한다. 물론 성적이 잘 나온 학생들은 이러한 암울한 분위기가 덜하지만 대체로 중학교에서 최상위권을 달린 학생이 외대부고에 진학하여 평생 처음 받아보는 성적표를 보는 순간, 과연 원하는 의대에 갈 수 있을지 고심하게 된다. 비교과 활동은 대체로 의대에 맞춰 이루어졌는데 정작 수시로 의대를 못 가게 된다면 어쩌나 하는 두려움이 조금씩 엄습한다. 그런데도 당장 손을 놓을 수 없는 게 총 10번의 시험 중 이제 2번의 결과표만을 받았기에 나머지 8번의 기회가 아직 남아있다. 등급제로 성적표가 나오다 보니 아무래도 아쉬운 부분도 남아있을 것이다. 그래도 외대부고를 1학기 마치면서 다들 하는 말이 외대부고에 진학한 것을 후회하지는 않는다고 한다. 물론 적응을 하지 못하고 간혹 1~2명씩 학교를 관두는 예도 있지만, 최근에는 그런 학생이 거의 없다는 말은 그래도 다른 학교에 비해 학교에 대한 신뢰와 만족도가 높음을 알 수 있다.

학생에 따라 물론 개인차가 있긴 하지만 내가 관리하고 컨설팅하는 학생들의 경우는 대부분 1학년 방학 때 대치동 학원가에서 다음 학기 준비를 하게 된다. 사실 여름방학은 그렇게 길지 않아서 뭐 계획이라고 거창하게 세울 것도 없이 학원에서 진행하는 프로그램에 맞춰 수업을 받는다. 가장 학생들이 걱정하는 과목이 아무래도 수학이다 보니 거의 모든 학생이 수학에 올인하게 된다. 기본개념부터 시작해서 이를 활용하여 문제 푸는 킬러 문제에 이르기까지 학원가에서 철저한 준비를 통해 학생들을 트레이닝 시킨다.

간혹 지방에서 올라온 학생들의 경우는 대체로 대치동에서 원룸이나 투룸에서 기거하며 방학 동안 수업을 받게 된다. 그런데 굳이 외대부고 학생뿐 아니라 지방에 거주하는 중학생도 여름방학 1달, 겨울방학 2달 정도는 대치동 인근 호텔이나 원룸, 투룸에 기거하며 필요한 수업을 보충받는 것을 보고 깜짝 놀랐다. 지방에도 충분히 좋은 학원이 많을 텐데 굳이 낙후된 환경의 대치동에서 수업을 받는 것을 보면 역시 현장 강의가 주는 장점이나 대치동만의 매력이 있나 그런 생각도 해본다.

처음 대치동을 본 학생들의 반응은 자신이 사는 지방 도시보다 너무나 열악한 환경에 깜짝 놀란다. 학원가가 그나마 형성된 대로변을 제외하고는 그도 그럴 것이 빌라촌이 밀집되어 누가 봐도 그다지 매력적인 도시로는 보이지 않기 때문이다. 식당가도 학생들이 얼른 밥 먹고 자리를 비켜줄 정도의 그만한 크기의 그저 식사만 때울 정도의 규모이므로 맛집을 기대했다가는 큰일이다. 그래서 간혹 학생들의 경우 우울증을 호소하는 때도 있다. 부모님을 떠나 외대부고 기숙사 생활은 그나마 친한 친구들이 있어서 괜찮은데 방학이 되면 기숙사를 나와 이렇게 원룸에서 생활하는 게 너무나 서러울 수 있다. 물론 용인 처인구 모현면에 기거하면서 대치동 학원가를 나올 수도 있지만 한 시간 남짓 걸리는 거리가 학생에게는 부담스러울 수도 있으므로 대체로 대치동에 숙소를 마련하게 된다. 학생들을 보면 참 애처롭다는 생각도 들지만, 어차피 인생이 그렇게 호락호락하지 않음을 너무나 잘 알기에 미리 인생 경험한다고 생각하면 전혀 문제없다. 간혹 부모님 중에는 도저히 자녀를 떼놓지 못해서 외대부고를 포기하는 예도 있는데 어떻게 부모가 평생 자녀를 품에 안고 살 수 있단 말인가? 중학생 정도만 되면 이제 부모의 역할은 내 자녀가 독립적 인격체로 바로 설 수 있도록 될 수 있으면 자유로운 범위내에서 훈육과 교육을 하는 것이 가장 중요하다.

세상 부모가 그 누구인들 내 자녀에게 행복을 주지 않고 싶을까? 그런데 그 행복이라는 것도 어차피 경쟁 사회에서 이겨내야 직장도 갖고 학교도 들어가고 하는 것이 기정사실이므로 사회적 변화나 프레임이 부서지지 않는 이상 대한민국 교육계는 이렇게 움직일 것이다. 너무나 놀라운 사실이 가끔 카페에 가면 젊은 엄마들이 어린 자녀에게 문제를 풀게 하면서 온종일 어린애를 붙잡아 뭔가를 시키고 있는데 예전에만 공부를 강조한 것이 아니라 그토록 공부에 진절머리난다는 강남 엄마들도 여전히 자신들이 누리는 부의 근원이 공부이었음을 깨달아서 그런지 지나칠 정도로 공부에 올인하고 있음을 보게 된다. 후배네도 오로지 강남에서만 자라 나름대로 최고의 엘리트 교육을 받았는데 지방에서 올라와 자수성가한 변호사 남편과 때로는 교육적인 부분에서 남편이 이렇게까지 해야 하냐며 의구심을 품기도 하지만 이제는 전적으로 아내의 교육관에 맞추어 일상을 움직인다고 했다. 그렇게 비싼 영유도 보내고 수학 과외도 시키고 하는데 남편인 후배 변호사는 생각해보면 자신도 좀 더 강남에서 이런 교육을 받았다면 좀 더 인생이 달라지지 않았을까 생각한다고 했다. 최선은 아니지만 그래도 현재로서는 교육만이 살길이라고 생각하는 부모의 마음을 엿볼 수 있었다.

다시 돌아와서 고등학교 1학년 여름방학은 그래도 아직 수시에 대한 기대감을 버리기에는 많은 기회가 있으므로 그리고 내신을 버린다고 생각하면 아예 학교에 다닐 이유가 없으므로 2학기를 대비한 선행공부를 하는 한편, 수능도 조금씩 준비해가는 과정을 밟고 있다.

수학 이대로 포기해야 할까?

학생들의 가장 관건은 바로 수학이다. 컨설팅하는 학생들도 수학을 잘하는 학생이랑 미리 선행하지 못해 고등학교에서 헤매는 두 가지 경우로 나뉘는데 아무래도 기존에 많이 해온 학생들이 고등학교 내신전쟁에서 이기는 경우가 많다. 살벌하게 전쟁이라고 자꾸 표현하는데 어차피 교육시스템을 상대평가로 만들어놓았기 때문에 누군가를 이겨야 등급이 올라가는 것은 사실이다. 상대 친구가 나의 경쟁자임을 학생들도 아는 것 같다. 물론 겉으로는 웃고 잘 지내지만, 어차피 그 친구들 틈바구니에서 자신이 살아남아야 좋은 대학을 갈 수 있으므로 어쩔 수 없는 현상이라고 생각한다.

일명 수학 포기자들은 어쩔 수 없지만 그래도 이과를 생각하는 학생들은 고등학교에서 수학을 포기하면 아무것도 이룰 게 없다. 확률과 통계는 보통 기존에 문과 학생들이 많이 선택했고 미적은 이과, 그리고 기하와 벡터는 공대를 생각하는 학생들이 선택으로 많이 택하는데 아무래도 최근에는 학교별로 선택하는 학생 수에 따라 그리고 학교커리큘럼에 따라 절대 평가가 이루어지기 때문에 과목선택에서도 신중을 기할 필요가 있다.

수학은 대입에서도 비중 있는 과목이고 선택과목에 따라 나중에 정시에서도 표점이 달라지므로 절대 포기해서는 안 된다. 설령 내신을 포기한다고 해도 수능에서 또 수학을 만나야 하므로 특히 이과 계열 대학을 선택하는 학생들은 무조건 수학 과목에서 손을 놓아서는 안 된다.

수학은 너무나 잘 알겠지만, 미리미리 시키는 게 가장 좋다고 생각한다. 아무리 수학 문제가 어렵다고 해도 세월이 지나 공부하면 어느 정도 이해가 되는 이유를 생각해보면 미리 공부해서 개념이랑 원리를 이해하고 추후 문제 풀이를 하게 되면 시간적 여유가 마치 고추장이 발효하듯 좀 더 이해의 시간을 가지므로 쉽게 다가온다는 생각이 든다.

어느 날 SK 하이닉스에 다니는 후배도 이와 비슷한 말을 했다. 고등학교 학창시절엔 사실 그렇게 공부도 하지 않았고 관심도 없었는데 뒤늦게 문과에서 이과로 전향하여 대학교에서 수학을 공부하는데 시간이 지나서 그런지 아무래도 좀 더 수학 문제가 쉽게 나가왔나는 것이다. 수학을 고등학교 와서 처음 미적분을 접한 학생이랑 중학교부터 계속 반복해서 수학 원리를 접하고 문제를 푼 학생이랑 어떻게 동일 선상에서 이해할 수 있을까? 선행을 부추기는 게 아니라 현행 교육시스템과 실제 이루어지는 현실이 너무나 간극이 크고 괴리감이 있음을 말하는 것이다. 중학교 커리큘럼을 마치고 고등학교로 넘어가는 간극이 너무나 큰데 현실교육에서는 이를 간과한 채 당연히 중학교 과정만 마치면 고등학교 수학을 자연스럽게 잘할 수 있다는 가정하에 커리큘럼을 구성한 게 문제라는 말이다. 왜 중학교에서는 그나마 수학을 곧잘 한 학생이 고등학교 입학해서는 맥을 못 추는지는 굳이 설명하지 않아도 너무나 잘 알 것이다. 그 틈이 너무나 커서 학생들의 머리로는 도저히 메꿀 수 없기 때문이다. 이를 경험한 학부모들은 발 빠르게 먼저 이런 어려운 고등학교 수학 과정에 노출해 미리 익숙하게 만들고 반복시켜 문제에 대한 이해도와 접근성을 높이는 것이다. 근본적으로 수학 커리큘럼에 대한 깊이 있는 논의와 연구가 필요하다고 생각한다. 그리고 현실을 조금만 제대로 직시한다면 굳이 내가 지금 여기에 이렇게 글을 쓰지 않아도 아마 현재 대한민국 학부모치고 수학 공부를 미리 시키지 않는 부모님은 없을 것이다. 이것이 바로 교육 당국에서 외치고 있는 이론적인 탁상공론과 현실과 얼마나 차이가 있는지를 보여주는 명명백백한 사실임을 분명 깨달아야 한다. 학부모들도 자신의 자녀들을 살리기 위해 어쩌면 어릴 때부터 미리미리 공부를 시키는 것이다.

25년부터는 수능 수학에서 공통과목으로 수학Ⅰ, 수학Ⅱ, 선택과목으로 확률과 통계, 미적분, 기하를 제시하고 있다. 공통 75%, 선택 25% 내외인데 중요한 것은 단답형 30%가 포함된다는 사실이다.

수시 포기하고 수능에 올인?

막상 고등학교에 올라와서 그토록 쉽게 1등급을 받을 거라는 기대감에 부풀었는데 외대부고도 아닌 일반고에서 예상외의 등급을 받았을 때 학생은 물론 부모님도 패닉하게 된다. 그리고는 자퇴를 하고 검정고시를 시작하여 수능으로 의대를 갈지, 아니면 그래도 학교에 남아 졸업하고 의대를 갈지 심각한 고민에 빠지게 된다. 외대부고도 마찬가지로 이런 고민을 하게 되는데 내 기억으로 최근에 외대부고를 자퇴한 경우는 거의 없다. 왜냐하면, 학기마다 이러한 편입 자리를 노리고 준비하는 학생이 꽤 되는데 실제 편입자라는 아예 나지 않기 때문이다.

이 말은 수시를 포기하더라도 외대부고를 포기하지 않겠다는 강한 의지로 풀이되기도 하고 다른 한편으로는 비록 의대는 아니지만 그래도 외대부고에 있으면 서울대나 카이스트는 가겠지라는 기대감이 작용한 것 같다.

처음에는 다들 의대 하니까 학생들도 모두 서울대 의대 꿈을 갖고 외대부고에 진학하는데 막상 진학하고 보면 너무나 뛰어난 학생에 깜짝 놀라기도 한다. 컨설팅하는 학생이 한 말이 아직도 기억에 남는다. 자신은 어떤 한 분야에서 타의 추종을 불허하는 최고라고 늘 자부하며 살았는데 외대부고에 오니 늘 특별한 분야에 뛰어난 학생이 자기 외에 다른 학생이 있다는 사실이다. 처음엔 이를 받아들이기가 쉽지 않았는데 그래도 그 친구를 보면서 자기도 더 노력해서 그 자리에 올라가야겠다는 오기가 발동했다는 것이다. 그래서 외대부고에 오길 잘했다는 말을 전했다. 그렇다. 외대부고는 인생에서 우물 안 개구리를 벗어날 수 있는 최고의 장이라고 생각한다. 좌절도 하지만 이를 발판삼아 더 앞으로 나아가도록 끊임없이 도전하는 용기 의식도 키워나가게 된다.

수시를 포기한다는 말은 외대부고에서는 전혀 통하지 않는 것 같다. 설령 의대를 못 가면 방향성을 틀어 다른 대학교에 진학하면 되지라는 생각이 있기 때문이다. 물론 그런데도 의대를 꼭 가야겠다는 학생은 내신과 수능의 비중에서 아무래도 수능의 비중을 좀 더 치중하는 것은 맞다. 평소에는 수능 공부에 올인하고 중간고사나 기말고사를 앞두고서는 다시 내신모드로 돌입하여 내신에 치중하는 것이다. 외대부고에서도 늘 학생들에게 하는 말이 절대적으로 내신에만 올인하면 안된다는 말을 많이 강조한다. 그리고 수업 시간에도 수능 위주의 수업까지 병행하기 때문에 외대부고는 하나고와 비교해서 수능성적으로도 대학교 입시 결과가 최고인 명문 중의 하나로 손꼽히는 이유이다. 하나고는 거의 수시로 대학교를 보내지만 외대부고는 정시로도 서울대를 가장 많이 보내고 있는데 그만큼 학교커리큘럼에서 수능 역시 가장 중요한 한

축으로 자리매김하고 있기 때문이다. 그리고 수시 전략까지 겸해서 진로지도를 하므로 이러한 메리트가 있다고 생각한다.

내가 생각하기에 수시를 포기하고 수능에 올인한다는 말은 학교 내신은 아예 포기하라는 말과 같고 이는 수업 시간에 공부하지 않고 수능 공부를 한다는 말로 이해되는데 난 이에 대해서는 절대적으로 반대하는 태도다. 정말 뜻한 바가 있어서 오로지 수능 공부만 하겠다고 생각하면 아예 학교를 자퇴하고 극단적으로 검정고시를 보는 게 맞다. 그렇지 않을 것 같으면 학교에 남아 내신 공부도 병행하면서 수능을 준비하는 게 좋다. 요즘은 학교공부랑 수능이랑 완전 다르게 움직이는 학교는 거의 없다고 생각한다. 물론 학생들 불평에 따르면 전혀 수능과는 무관하게 시험출제를 해서 도대체 왜 공부를 해야 하는지 모르겠다고 하는 예도 있는데 가치관에 따라 그 선생님께서는 아무래도 단순히 입시보다는 정말 순수한 공부의 맛을 알려주기 위해 그렇게 가르치고 시험문제를 낼 수도 있으므로 그분의 교육철학이나 가치관에 뭐라고 할 수는 없다. 다만 요즘 학교 교육이 오로지 입시교육으로만 변질하여가고 있는데 그렇다고 이를 뭐라고 할 수 없는 이유는 기존 기성세대와 달리 요즘 세대는 정말 이해 계산적이고 미래에 대해 생각하는 바가 많아서 조금이라도 손해 보거나 불리한 것에 대해서는 분명 자기의 확고한 견해를 밝히고 자기가 하고 싶은 대로 하는 성향이 좀 더 강하다는 사실이다. 그런 면에서 보면 학교가 상급기관으로의 준비를 해주는 스쳐 지나가는 곳이라고 생각하는 학생으로서는 당연히 수능과 무관한 학습활동은 무의미할 수밖에 없기 때문이다. 이것 역시 사고의 차이라 할 수 있는데 예전에 비춰보면 도무지 이해되지 않는 현상이지만 요즘 학생들은 학교를 친구를 사귀고 추억을 쌓는 그런 장소보다는 어떻게 하면 나한테 좀 더 유리한 대학을 준비해주는 곳인가 뭐 그런 곳으로 생각하는 경우가 대다수였다. 물론 이것도 일부를 과장한 일반화의 오류라고 할 수 있지만, 자녀를 키워보는 견해에서도 아마 기존에 자신이 자랄 때와 요즘 세대가 얼마나 다른지는 굳이 말을 하지 않아도 너무나 잘 알기에 설명을 생략한다.

교육적인 관점에서 난 단순히 대입만을 생각하지 말고 그래도 고등학교 교과과정에서 친구들이랑 선생님과 함께 지내면서 얻을 수 있는 인간살이의 장점에 대해서도 좀 더 많이 생각해서 이점을 높이 평가하고 학창시절을 보냈으면 하는 개인적인 바람도 있다. 사실 수능 문제 1문제 더 맞추고 좀 더 좋은 대학을 나왔다고 해서 반드시 사회생활을 잘하는 것은 아니다. 전문대를 나오거나 고졸이어도 주변에 잘 사는 사람이 많다. 중요한 것은 반듯한 인성과 주변 사람들과 소통을 잘하는 능력이 대세이므로 또 이런 측면에서는 타인과의 접촉이 많을 수밖에 없는 학교생활이 사회생활의 기초가 되므로 이런 공교육기관에서 학생들의 기량을 좀 더 뻗어 나갈 수 있도록 학창시절을 보내는 것을 강조하고 싶다.

수능 국어와 수능 영어는 어떻게?

수능 국어는 영어가 상대적으로 천덕꾸러기로 전락함에 따라 풍선효과로 덕을 본 과목이라고 할 수 있다. 가르치는 처지에서는 덕이지만 시험을 치르는 처지에서는 상당히 까탈스럽고 힘겨운 과목이다. 물론 국어 능력이 뛰어나 문제를 푸는 데 어려움이 없는 학생은 상관없지만 게다가 이과적 성향이 있는 학생인데 문제가 이과와 관련된 내용이 나온다면 이는 두말할 필요 없이 이과 학생에게 완전히 유리한 시험이라 할 수 있다. 최근 대입 경향을 살펴보면 과학고를 비롯한 이과성향이나 그쪽 과목을 이수한 학생이 의대 진학에 두려움을 느끼면 과감하게 현역 때는 의대를 포기하고 서울대 경영을 지원하는 경우가 많다. 일단 합격하고 나서 다시 반수나 재수를 노리게 되는데 서울대 경영의 경우도 수시면접에서 수학이 기하와 벡터까지 고난도가 출제되므로 이과를 공부한 학생에게 상당히 유리하다. 솔직한 말로 우리나라 수학이 날이 갈수록 너무 쉬워져 학생들이 수학을 점점 더 공부하지 않는 것도 부인할 수 없는 사실이기에 특히 공대의 경우엔 수학의 난도를 높이거나 기하와 벡터를 공부한 학생에게 유리한 시험문제 내는 것도 나름으로 일리가 있다고 본다. 기본 과목학습이 안 되어 설령 대학 입학하고서도 전공을 이해하지 못하는 학생이 많다는 것이 현직 교수들의 전언이기도 하기 때문이다.

수능 국어는 말 그대로 언어를 이해하고 해독하는 능력이므로 단순히 국어를 이해하는 차원을 넘어서야 고득점을 얻을 수 있다. 고전은 물론 현대 비문학에 이르기까지 다채로운 영역을 이해하기 위해서는 신문 사설을 정기구독하고 뉴스를 정독하는 등 시사 상식과 사회 이슈에 폭넓은 지식을 갖고 있어야 한다. 예전처럼 공부만 해서는 절대로 사회현상 및 철학을 이해하기가 쉽지 않다. 물론 이공계 과목도 열심히 공부하여 철저한 이해를 하는 것이 필요하다. 하나의 글을 읽었다면 이를 자기의 말로 요약정리하고 생각을 표현하는 것이 중요하다. 나아가 머릿속으로도 정리하여 장래 면접시험에서도 슬기롭고 현명하게 대처하는 것이 필요하다.

앞으로 25년부터는 수능 국어에서 공통과목으로 독서, 문학을 그리고 선택과목으로 화법과 작문, 언어와 매체 중 하나를 선택하게 되어있다. 비중은 공통 75%, 선택 25% 내외이며 출제과목을 바탕으로 다양한 소재의 지문과 자료를 활용하여 출제할 것으로 예상하여 더더욱 깊이 있는 공부가 필요하다.

앞서 말한 후배의 딸 12세 초등학교 5학년이 현재 학원에서 배우는 영어단어가 너무 어렵다며 쉽게 외우는 비법을 알려달라고 SOS 쳤다. 초등학교 5학년이 배워봐야 뭘 그리 어려운 것을 배우겠냐 생각하며 어느 날 이 후배의 집을 찾아가 직접 교재를 본 순간 난 소스라치게 놀랐다. 정말 토플에도 나올까 싶을 정도의 어려운 전문 용어들이 즐비한 단어 책이 펼쳐져 있었고 내용을 보았더니 정말 5학년이 이걸 해서 무슨 도움이 될지 많은 생각이 들었다. 후배에게 혹 외고 보낼 계획 있냐고 물었더니 전혀 없다고 했다. 그러면, 당장, 이 학원 관두고 그냥 수능에 자주 출제되는 고3 정도 수준의 알짜 수능 영어단어를 외우도록 부탁했다. 마땅한 교재가 없다고 해서 인터넷에 얼른 주문해서 수능반출 어휘단어집을 선물해줬다.

이후 이야기를 들으니 다니는 학원을 관두고 현재 레벨에 맞는 학원을 모색 중인데 아이가 너무 행복해하며 내가 사준 수능 영어단어를 재밌게 외운다고 전했다. 그러면서 정말 고맙다는 말을 아끼지 않았다. 가끔 학원에서는 아무래도 부모님께 보이는 수준 높은 학습을 위해 과도하게 불필요한 단어학습과 지문을 학습시키는 때도 있다. 내가 생각하기엔 우선 우리나라 수능부터 만점 받을 정도의 실력을 쌓는 것이 필요하다고 생각한다. 수능이 비록 절대 평가로 그 위상이 떨어지긴 했지만, 아직도 대입에서 중요한 잣대를 차지하므로 수능 만점을 받는데 우선 치중해야 한다. 듣기 평가도 생각보다 만만치 않으므로 평소 듣기를 생활화하여 만점 받도록 노력해야 한다.

내신 영어는 아무래도 변별력을 위해 선생님들이 문법 위주의 시험을 아직도 내는 것으로 안다. 웬만한 내용이해 문제는 특별한 변수가 없는 한 학생들이 거의 지문을 외워서 시험장에 들어가므로 이를 통해 등급을 나누기란 쉽지 않다. 결국, 변별력을 위해 교사들은 구석에 박힌 문법을 가져와 이를 문제로 만들어 등급을 나누게 된다. 사실 나 역시도 학교에 있으면서 등급을 나누기 위해 억지춘향격으로 말도 안 되는 어려운 문법을 문제로 내서 등급을 나눴던 기억이 난다. 돌이켜보면 이런 쓸데없는 문법이 학교교육에서 왜 그렇게 크게 작용해야 하는지 도무지 이해 가지 않지만 어쩔 수 없는 현실이니 이를 부정할 수도 없다.

아무튼, 내신 영어는 가장 기본적인 주제나 내용이해, 글어순이나 문장어순, 문장이 들어갈 위치는 기본적으로 학생들이 대부분 맞추는 문제이므로 현재 이 글을 읽는 부모님들은 자녀의 문법을 한 번 정확하게 훑어내려 완벽하게 해둘 필요가 있다.

수능 영어는 킬러 문제가 아무래도 빈칸 채워 넣기 문항이라 할 수 있다. 빈칸에 들어갈 내용이 예전에는 주제와 관련 있었는데 최근에는 굳이 주제와 상관없더라도 앞뒤 문장에 비추어 문맥상 적절한 어휘나 표현들을 필요로 하는 경우가 많아서 진짜 영어의 흐름을 깊이 있게 이해하고 따라가는 연습과 노력이 절실히 요구된다. 그래서 늘 강조되는 말이 국문학 작품과 신문 사설 등 다채롭고 다양한 글을 많이 읽어서 글의 논지를 정확하게 파악하는 연습을 많이 해야 한다. 한 문제 차이로 때에 따라서는 등급이 달라지므로 수능 영어는 무조건 1등급을 맞고 시작해야 한다.

과탐 및 사탐은?

대입에서 과탐과 사탐을 어떤 과목을 선택하느냐에 따라 표점이 달라져서 당락을 좌우하는데 역시 가늠자가 되므로 이에 대한 학생이나 학부모 역시 많은 고민을 하는 것 같다. 고3 커리큘럼에 예를 들어 한국지리 일명 한지가 있는데 본인은 한지가 아니라 다른 교과목을 선택과목으로 지정하여 수능시험을 본다고 생각하면 이 과목을 동시에 준비해야 하므로 학생들로서도 큰 부담감으로 작용할 수밖에 없다. 될 수 있으면 고3 때 배우는 과목을 선택과목으로 선정하여 공부하는 것이 수능에 유리할 수도 있지만 만일 2학년 때 사회와 문화, 또는 윤리와 사상을 공부하여 미리 그 과목을 수능과목으로 확실하게 공부했다면 굳이 3학년 때 새롭게 접하는 한지를 선택과목으로 택해서 새롭게 공부하는데 많은 시간을 들일 필요가 없다. 이과도 마찬가지이다. 이제 입시가 또 새롭게 바뀌어 앞으로는 과탐이든 사탐이든 영역 구분 없이 생활과 윤리, 윤리와 사상, 한국지리, 세계 지리, 동아시아사, 세계사, 경제, 정치와 법, 사회·문화, 물리학Ⅰ, 화학Ⅰ, 생명과학Ⅰ, 지구과학Ⅰ,물리학Ⅱ, 화학Ⅱ, 생명과학Ⅱ, 지구과학 17개 과목 중 학생들이 자유롭게 2과목을 선택하여 수능을 보도록 했는데 다만 전공에 따라서는 반드시 필수과목으로 이수를 하고 선택을 해야 대입지원가능하도록 하는 대학도 있어서 자세히 면밀하게 살펴보고 준비하는 것이 필요하다.

물론 가장 중요한 것은 본인의 적성에 맞게 과목을 선택하는 게 좋지만 아무래도 대입까지 생각한다면 등급을 생각하지 않을 수 없다. 학생들은 대체로 생활과 윤리, 사회와 문화가 상대적으로 가장 많이 응시하고 있고 그다음이 한국지리이다. 아무래도 공부량이나 난도가 높지 않기 때문으로 풀이된다. 사실 문과의 경우는 경제를 빼면 그다지 전공과 직접적인 연관성은 높지 않다. 그래서 굳이 본인과 전공 연관성에 맞추기보다는 더 쉽게 공부할 수 있는 과목 그리고 표점에서 유리한 과목을 선택하게 된다. 아무래도 전국에서 많이 응시하는 과목이 유리하게 작용하므로 이러한 현상이 빚어진다고 생각한다. 그런데 곰곰 생각하면 단순히 수능만 생각할 것이 아니라 윤리와 사상, 생활과 윤리, 사회와 문화는 인문 논술이나 면접, 수능 국어 독서 분야, 심지어 연세대 국제계열 면접지문에도 이러한 내용이 자주 등장하여 여러모로 유리하다고 생각한다. 생활과 윤리는 특히 학습에 대한 난도가 높지 않고 사상가의 이론이나 주장, 특징을 정확하게 알면 시험 보는 데 유리하다. 사회문화의 경우는 학습량과 암기량에 부담이 적고 응시자 수가 많아서 1~2개 틀려도 비교적 1등급을 받을 수 있는 과목이다. 반면 정치와 법은 학습량도 많고, 암기해야 할 양도 많으며 제도적인 내용이나 법규 내용을 적용하는 문제가 많아서 개념을 바탕으로 문제 풀이에 치중해야 한다. 경제는 아마 2%의 가장 적은 학생들이 선택하는 과목으로 내신에서도 학생들이 가장 어렵게 생각하는 과목 중의 하나이다. 아무래도 내용이 어렵고 수능 문제도 난도가 높아서 학생들이 적게 선택하는 것 같다. 그런데 어느 과목을 선택하든지 학생이 미리 모의고사를 통해 점수를 확인하면서 자신의 진로에 맞게, 그리고 만일 수능까지 생각한다면 이에 맞추어 선택하는 것이 좋다. 외대부고의 경우는 아무래도 2학년 교과과정에 사회와 문화, 윤리와 사상이 있다 보니 이를 선택하는 학생이 많으며 3학년이 되어서야 한지와 정치와 법을 공부하므로 이를 3학년 단시간에 배워 시험까지 이어 보는데 학생들이 부담감을 가지는 것 같다.

과탐을 살펴보면 수능에서는 아무래도 생물과 지구과학을 많이 선택하고 있다. 생명과학 1이나 지구과학 1이 압도적으로 높은데 물리의 경우는 아무래도 천재적인 기질이 있는 최상위권 학생들이 최고등급을 휩쓸고 있고 화학 역시 배우는 양이 많고 이해할 것이 많기 때문으로 풀이된다. 물론 생물이나 지구과학 역시 외울 양이 많지만 그래도 물리와 화학보다는 적게 때문인 것 같다. 그런데 이과에서 지구과학은 화학이나 물리보다는 덜 사용되는데 이공계를 선택한다면 반드시 물리와 화학을 선택해야 한다. 정시를 생각한다면 아무래도 과목보다는 높은 점수를 받는 게 유리하기 때문이다. 생물은 의대나 약대, 치대, 보건계열에서는 반드시 선택해야 하는 과목이다. 수시를 염두에 두고 있다면 두말이 필요 없고 수능에서도 아무래도 생물은 여러모로 유리하게 사용되기 때문이다. 생물은 누구나 알 듯 유전 분야가 상당히 어렵다.

생물은 무엇보다 방대한 암기력과 유전 분야 킬러 문제를 잘 해결하면 승산이 있다고 본다. 이공계 지망생의 경우는 반드시 물리와 화학은 필수로 선택해야 하고 세부 능력과 특기 사항에서도 생물 같은 경우는 로봇이나 유전자 쪽으로 연관시키는 게 우리하고 지구과학이라면 우주나 항공 쪽이 유리하다. 과탐은 요즘 EBS 교재가 너무나 잘 나와 있으므로 우선 물리·화학·생물·지학 전부 사서 문제를 풀면서 어느 쪽에 더 관심 있는지를 살펴보는 것도 좋다. 수시가 생각 없다면 그리고 오로지 정시만 하고자 한다면 생물과 지구과학이 유리한 것은 맞다. 학생부 종합전형을 생각한다면 선택의 여지가 없다. 이공계의 경우는 무조건 물리와 화학을 해야 하고 보건계열을 생각한다면 반드시 생물이다. 이는 불변의 진리이다. 보통 현재 커리큘럼을 보면 대체로 이과 지망생의 경우는 과탐만 3개, 문과 지망생은 사탐만 3개 하라고 하는데 이 역시 수능체제에 맞추어 학교별로 커리큘럼의 변화가 있을 것으로 예상한다.

아무튼 수시와 수능을 같이 생각해야 하는 상황에서는 여러모로 변수가 너무 많다. 이를 슬기롭게 해결하기 위해서는 체계적인 학습관리와 계획이 무엇보다 필요하다.

대학교 진로는 어떻게?

사실 대학교를 잘 보내기 위해서 고등학교는 준비단계로 생각하는 경우가 대부분이다. 요즘 같은 세상에 그 누가 고등학교에서 인성 운운할까? 학부모도 마찬가지이고 교사 역시 말로는 학생의 잠재력과 기량 함양이라는 마음을 갖고 있어도 현실적으로 부모님의 기대는 역시 무조건 스카이나 의대를 희망하고 있으므로 교사로서 가지는 가치관을 실현하기가 쉽지 않다.

대학교 진로와 관련된 일을 거의 25년 넘게 하다 보니 아무래도 이 분야에서는 다양한 경험치와 통계분석을 토대로 그리고 내가 가진 나만의 노하우에 입각하여 다양하게 진로를 지도하고 있다.

대학교 진로는 아무래도 학생의 성향이 가장 중요하며 이와 맞물려 학생의 성적이 중요한 가늠자가 되고 있다. 아무리 학생의 성향과 자질, 관심사가 중요하다고 해도 이를 뒷받침할 성적이 나오지 않으면 아무런 소용이 없기 때문이다.

상담하면서 느끼는 점은 거의 백 퍼센트 부모님의 성향이 그대로 자녀에게 물려진다는 사실이다. 부모님이 이과 계열인데 자녀가 문과 계열을 선택하기는 쉽지 않고 그 반대도 마찬가지이다. 그래서 상담을 시작할 때 죄송하지만 부모님의 직업을 묻는 경우가 많다. 아무래도 이에 맞추어 진로를 선택해야 하기 때문이다. 지금 지도하고 컨설팅하는 학생들도 거의 의대 준비생이 많은데 대부분 부모님 직업이 의사나 한의사, 치과의사 등 이쪽 분야에 종사하는 분들이다. 아무래도 자녀가 자신의 뒤를 이어 같은 길을 걷기를 원해서 그럴 수도 있고 어릴 때부터 자연스레 이런 직업에 노출되어 더더욱 그러할지도 모른다.

대학교 진로는 현재 주지하듯 수시와 정시 수능이 있다. 수시 역시 교과 우수 전형부터 시작해서 학생부 종합전형으로 입학하는 예도 있으며 학생부 종합전형은 말 그대로 단순히 성적만 보는 것이 아니라 학생의 비교과까지 다 보기 때문에 여러모로 신경 쓸 것이 많다. 학업 우수 형의 경우는 아무래도 재학 중인 학교에서 최상의 성적을 유지해야 가능한데, 보통 외대부고의 경우 고대를 지원하는 학생은 학업 우수 형이나 계열적합형으로 많이 지원하고 있다. 일단 3배수에 들면 나머지는 면접에서 당락이 좌우되므로 면접에 유리한 외대부고 학생의 경우는 이 전형에서 승산을 보고자 한다.

현재 대학교 입시는 너무나 다양한 전형과 다채로운 방법이 많아서 전문가인 나로서도 솔직히 다 암기하고 기억할 수가 없다.

고3이 되어 막연한 마음에 학생부를 갖고 와서 상담하면서 수시를 원하는 경우, 성적과 활동에 비추어 대체로 학생에게 가장 적합한 전형을 선택해주는데 아무래도 고등학교 1학년부터 관리하면서 고3까지 준비시킨 학생에 비해서는 사실 내가 해줄 것이 그다지 없다. 다만 어디에 어떻게 지원하면 좋겠다는 방향성을 제시해주곤 한다. 기존에 같이 함께 한 학생의 경우는 과목선택부터 어떤 활동을 어떻게 하면 좋겠다는 조언을 거의 일 년 내내 상담을 하면서 진행하므로 아무래도 방향성을 비롯하여 전반적인 활동에서 완성도가 높은 생활기록부가 나올 수밖에 없다.

사실 고등학교에서 대입을 준비하는 처지에서 필요한 준비에 대해서는 너무나 양이 많고 학교별로 전공별로 천차만별이어서 일일이 나열하기는 불가능하다. 다만 현재 고2가 입시를 치르는 24년부터는 아예 자소서가 폐지되기 때문에 이를 좋다고 하는 부모도 있겠지만 오히려 기존에는 주어진 범위내에서 그나마 자신의 역량을 최대한 단기간에 입학사정관에게 보여주는 것이 가능했다면 그리고 그 범위 내에서 면접할 수 있었다고 생각하면 (물론 대학교나 전공과에 따라 면접의 범위는 달라지는 것임) 이제부터는 생활기록부 전체에서 면접이 진행되고 생활기록부 전체를 보다 꼼꼼하게 챙겨야 한다는 부담감이 더 커진 것이다. 대학교로서는 아무런 근거도 없이 학생을 선발하기가 어려워지기 때문에 어떻게든 선발장치를 나름대로 마련하고자 애쓸 것이다. 자소서가 사라진다면 이에 따라서 다른 별도의 면접이나 기타 절차와 방법을 통해 학생을 선발하고자 하므로 어쩌면 학부모나 학생으로서는 더 부담스러울 수도 있다. 물론 교육부에서는 이런저런 모든 것을 간소화하고 간편화하여 학생과 부모에게 도움이 되고자 한다고는 하지만 그렇다고 대학교로서는 밑도 끝도 없이 그냥 무작정 학생선발을 할 수는 없기 때문이다. 앞으로 또 입시에 어떤 바람이 불지 귀추가 주목된다. 사실 전문가인 나로서도 매번 바뀌는 입시정책이나 방안이 부담스럽고 공부를 해야 알 정도인데 일반 부모님들은 여기에 올인해서 보는 것도 아닌데 어떻게 이 방대한 정보의 홍수 속에서 취사 선택할 수 있는지 정말 그 해법이 나로서도 궁금할 뿐이다.

사실 교육이라는 것이 그냥 나 혼자 잘해서 되면 너무 좋겠지만, 나를 둘러싼 모든 다양한 변인들이 존재하기 때문에 그리고 상대적인 평가를 통해 우수성을 입증해야 하므로 더더욱 난제라고 할 수 있다. 특히 한국과 같이 천연자원이 부족하고 오로지 인적자원에만 올인해야 하는 상황에서는 앞으로도 이런 상황은 계속될 것 같다. 그렇다고 넋 놓고 앉아있기엔 너무나 매우 급하게 돌아가는 사정이어서 이러한 치열한 생존경쟁에서 살아남기 위해서는 학생은 물론 학부모님도 끊임없이 입시에 관심을 두고 노력하고 준비하는 과정이 필요하다. 학교에서 마냥 알아서 해줄 거라고 기대했다면 큰 오산이다. 고3이 되어서 겨우 입시 상담 한 번

가는 거로 부모의 역할을 다했다고 할 수 없다. 물론 바빠서 먹고 살기 어려워서 시간 내기 힘들어서 그렇다고 변명할 수 있지만 궁극적으로 열심히 사는 것도 모두 내 자녀는 좀 더 편한 환경에서 행복하게 살 수 있도록 도와주기 위해 부모가 열심히 일하는 것도 사실이라는 기반하에 좀 더 자녀에게 관심을 두고 우리 아이가 어떤 성향인지, 현재 몇 학년 몇 반에서 친한 친구는 누구인지 나아가 앞으로 어느 고등학교에서 어떻게 진로를 정해서 미래를 준비하며 살아나가야 할지 등등 깊이 있는 고민을 계속해야 한다. 그리고 정말 부모님께서 이러한 역할에 너무 문외한이어서 또는 시간상으로 이 모든 것을 감당하기 부담스럽다면 당연히 전박사와 같은 전문가와 상담을 통해 자녀의 성향과 관심사를 비롯하여 장래 진로진학에 대해 깊이 있는 고민을 같이할 것을 강력하게 말씀드리고 싶다.

외대부고 찍고
서울대 의대 보내기

1판1쇄 2022년 11월 15일

저자 전설
발행인 이경화

발행처 디자인21
주소 04560 서울특별시 중구 퇴계로 293-1 3층
전화 02-2269-6561(대)
팩스 02-2269-6568
e-mail 21publish@naver.com

등록번호 제1-1128호
등록일자 1991.2.12

ISBN 978-89-6131-101-4 03810

정가 12,000원

http://21publish.co.kr/
https://blog.naver.com/publish21